# 국제감정평가기준
International Valuation Standards (IVS)

2022년 1월 31일 시행

The International Valuation Standards Council, the authors and the publishers do not accept responsibility for loss caused to any person who acts or refrains from acting in reliance on the material in this publication, whether such loss is caused by negligence or otherwise.

Copyright © 2021 International Valuation Standards Council (IVSC)
All rights reserved, subject to permission having been granted to the Korean Association of Property Appraisers (KAPA) to translate into the Korean language and publish the reproduce that document in translation. The translated document is the copyright of the IVSC.

The adoption or use of any International Valuation Standards Council Standards by any entity is entirely voluntary and at the user's risk. The International Valuation Standards Council does not control how or if any entity chooses to use the Standards and does not and cannot ensure or require compliance with the Standards. The International Valuation Standards Council does not audit, monitor, review or control in any way the manner in which users apply the Standards.

No responsibility is accepted by the IVSC for the accuracy of information contained in the text as republished or translated. The approved text of the International Valuation Standards is that published by the IVSC in the English language and copies may be obtained from the IVSC, 20 St Dunstan's Hill, LONDON, EC3R 8HL, United Kingdom. Internet: http://www.ivsc.org.

Copyright © 2021 International Valuation Standards Council. All rights reserved.

국제감정평가기준위원회의 기준을 채택하거나 적용하는 것은 전적으로 자발적이며 스스로의 책임에 의한다. 국제감정평가기준위원회는 국제감정평가기준의 채택 여부나 그 적용 방법을 통제하지 않으며, 국제감정평가기준의 준수를 요구하거나 보장하지 않고 또한 요구하거나 보장할 수 없다. 국제감정평가기준위원회는 국제감정평가기준 적용에 대해 규제하거나, 조사하거나, 검토하거나, 통제하지 않는다.

국제감정평가기준위원회의 서면 허가 없이 본 간행물의 일부 또는 전부를 번역하거나, 재인쇄, 복제하거나 활용할 수 없으며, 이는 복사·녹화·정보저장·검색시스템 등 현재 혹은 향후 발명될 전자적, 기계적 및 기타 모든 수단에 의한 행위를 포함한다.

출판 및 저작권 문의:
International Valuation Standards Council, 4 Lombard St, LONDON, EC3V 9AA, UK United Kingdom
Email: contact@ivsc.org www.ivsc.org
ISBN: 978-0-9931513-4-7

이 책의 한국어판 저작권은 한국감정평가사협회(KAPA)가 한국어로 번역하여 번역본으로 발행할 수 있도록 허가한 국제감정평가기준위원회(IVSC)가 소유한다.

국제감정평가기준위원회, 저자 및 발행인은 본 간행물 자료에 따라 행위를 하거나 또는 이에 반하여 입은 손실에 대해 이러한 손실이 과실로 인한 것인지 여부에 관계없이 책임을 지지 않는다.

조판 및 인쇄: Page Bros, Norwich

# 국제감정평가기준
International Valuation Standards (IVS)

2022년 1월 31일 시행

국제감정평가기준위원회
International Valuation Standards Council

# 발간사

우리나라 감정평가제도는 국민의 재산권 보호와 국가 경제 발전에 지대한 공헌을 해왔습니다. 최근 감정평가산업의 시장 환경이 빠르게 변화함에 따라 감정평가사에게는 깊은 통찰력과 전문성이 요구되고 있습니다. 이러한 환경변화에 부응하고 감정평가산업의 지속 가능한 발전을 위해 해외 감정평가기준을 연구하여 우리 것으로 만들고 발전시켜 나가는 일은 매우 중요합니다.

우리 협회는 국제감정평가기준위원회(IVSC: International Valuation Standard Council)와 국제감정평가기준(IVS: International Valuation Standard)의 한국어판 번역 및 발간 계약을 체결하고, 번역을 완료하여 여러분께 제공하고자 합니다. 이번에 발간하는 한국어판 국제감정평가기준은 국제감정평가기준위원회에서 최근 발간한 『International Valuation Standards(IVS, Effective 31 January 2022)』를 번역한 것입니다.

국제감정평가기준위원회는 감정평가기준의 국제적 정합성을 제고하기 위한 목적으로 1981년에 설립된 비영리 국제기구로, 투명하고 일관된 기준을 수립하여 감정평가 서비스 이용자의 신뢰를 제고하는 것을 목표로 하고 있으며, 감정평가기준 설정 및 감정평가의 핵심 원칙을 고려해 국제감정평가기준을 개정하고 있습니다. 국제감정평가기준은 총설, 일반기준, 자산기준 등을 구체적으로 규정하고 있습니다. 특히 자산기준에 대해서는 감정평가 일반기준 외에 각 자산 유형에 따라 적용해야 하는 추가적인 필수 사항을 규정하고 있습니다.

# 발간사

이번에 번역한 국제감정평가기준이 감정평가 이론의 선진화를 도모하고 감정평가 서비스의 전문성과 회원님의 감정평가 실무에 도움이 될 것으로 기대합니다. 우리 협회는 앞으로 다양한 국가의 감정평가제도와 기준을 연구하여 감정평가산업의 발전 방향을 제시하기 위한 정책적 토대를 마련하고, 감정평가의 전문성 향상을 위해 유용한 자료와 정보를 지속하여 제공하도록 노력하겠습니다.

국제감정평가기준의 한국어판 번역 및 발간에 큰 호의를 베풀어주신 국제감정평가기준위원회 관계자 여러분께 감사의 말씀을 드리며, 성실히 번역 작업을 수행해 주신 구수미 감정평가사님과 감수 작업을 맡아주신 오민경 감정평가사님, 오윤숙 감정평가사님의 노고에 깊이 감사드립니다. 더불어 국내 실정에 맞게 번역 내용을 수정·보완하는 데 귀중한 조언을 해주신 자문위원과 협회 국제위원회의 노고에 대해서도 감사드립니다.

2022. 6.

한국감정평가사협회 회장 양 길 수

## IVSC 축하말씀

국제감정평가기준을 번역하기 위해 수고를 아끼지 않은 한국감정평가사협회의 양길수 회장님과 실무자분들께 축하의 인사를 전합니다.

IVSC(국제감정평가기준위원회)는 한국감정평가사협회와 같은 파트너와 협력하여 현지 감정평가사가 해당 지역 법률의 요건 뿐만 아니라 국제적 감정평가방법을 이해하고 적용하도록 교육하는 것이 매우 중요하다고 생각합니다.

이 중요한 초석을 다지신 것을 진심으로 축하드립니다.

**국제감정평가기준위원회 회장, Nicholas Talbot**


IVSC congratulations

I would like to extend my congratulations to Mr. Gil Su Yang and his team at the Korean Association of Property Appraisers (KAPA), the pre-eminent Property Appraisal Association in Korea, for all of the considerable work and effort to translate International Valuation Standards into Korean.

For IVSC it is very important to be able to work with partners such as KAPA so that local valuers can be trained to understand and apply the international approach, as well as also the requirements of local legislation.

Congratulations on achieving this significant milestone.

**Nicholas Talbot, IVSC Chief Executive**

## 옮긴이의 말

국제감정평가기준을 번역함에 있어 문체의 수려함 보다는 원문의 내용을 충실히 전달하는 것을 우선으로 하였습니다.

특히 **국제감정평가기준**에서 정의한 '용어'는 원문에 *기울임체*로 표시되어 있어 이를 그대로 적용하였으며, 경우에 따라 일부 더 적합한 다른 용어가 있더라도 *기울임체*의 용어는 **변경없이** 일관되게 번역하고자 했습니다. 이로 인해 한국어 표현에서는 다소 어색한 부분이 있을 수 있으나 번역의 한계로 인해 발생할 수 있는 오역이 있더라도 영어 원문과 비교가 용이하도록 하였습니다.

또한, 정의된 용어 중 *'반드시 해야한다'*는 의미의 *must*와 *'한다'*는 의미의 *should*가 한국어에서 정확히 구분되지 않는 경우에만 괄호안에 *must*와 *should*를 구분하여 기재하였습니다.

감정평가사 구 수 미

# Contents

서문 ········································································································· 1
용어 정의 ································································································ 5
IVS 총설 ································································································ 10

**일반 기준**
   IVS 101 업무 범위 ············································································· 13
   IVS 102 실지조사와 기준 준수 ·························································· 16
   IVS 103 감정평가 보고 ····································································· 18
   IVS 104 기준가치 ············································································· 20
   IVS 105 감정평가 접근법과 감정평가방법 ········································· 33

**자산 기준**
   IVS 200 기업 및 기업 지분 ······························································ 54
   IVS 210 무형자산 ············································································· 66
   IVS 220 비금융부채 ········································································· 83
   IVS 230 재고자산 ············································································· 92
   IVS 300 시설과 설비 ······································································ 100
   IVS 400 부동산 권리 ······································································ 107
   IVS 410 개발 부동산 ······································································ 114
   IVS 500 금융상품 ··········································································· 125

국문 색인 ···························································································· 134
영문 색인 ···························································································· 144

# 서 문

국제감정평가기준위원회(IVSC: International Valuation Standards Council)는 감정평가의 전문성 제고에 기여하는 독립 비영리단체이다. 국제감정평가기준위원회는 자산 평가에 대한 기준을 만들어 이를 세계가 보편적으로 채택하고 시행함으로써 감정평가에 대한 신뢰를 구축하는 것을 최우선 목표로 하고 있다. 국제감정평가기준위원회는 국제감정평가기준(IVS: International Valuation Standards)이 본 기준을 적용하는 높은 전문성과 더불어 금융제도의 중요한 부분이라고 믿는다.

감정평가는 재무제표 보고에 포함되거나, 규정 준수를 위해, 혹은 담보 대출과 일반 거래를 지원하기 위한 목적으로 금융시장 및 기타 다른 시장에서 널리 사용되고 있다. 국제감정평가기준은 감정평가 관행의 투명성과 일관성을 증진하여 일반적으로 인정되는 개념과 원칙에 의해 감정평가 업무를 수행하도록 하기 위한 기준이다. 또한 국제감정평가기준위원회는 감정평가사의 역량 향상 및 전문적인 업무수행을 위한 선도적인 감정평가접근법을 장려한다.

국제감정평가기준위원회의 기준이사회는 국제감정평가기준 제정을 책임지는 주체이다. 기준이사회는 자율적으로 기준관련 의제를 상정하고 발행을 승인한다.

기준이사회는 국제감정평가기준 설정 시 다음을 이행한다.

- 기준이사회는 이해당사자(감정평가사, 감정평가 서비스 이용자, 규제기관, 감정평가사협회 등)와의 협의 및 모든 새로운 규정의 공표나 기존 규정에 대한 중대한 변경을 포함하여 모든 새로운 기준 제정에 대한 적법 절차를 준수한다.

- 기준이사회는 금융시장의 기준 제정 역할을 하는 주체와 협력한다.

- 기준이사회는 초대된 구성원과의 자유토론 및 특정 사용자나 특정 단체와의 선별적 논의 등의 적극적인 활동을 수행한다.

국제감정평가기준의 목표는 투명하고 일관된 기준을 수립하여 감정평가 서비스 이용자의 신뢰를 제고하는 것이다. 각 기준은 다음 중 하나 이상을 충족한다.

- 세계적으로 인정된 원칙과 정의를 확인하고 정립한다.

- 감정평가업무 수행과 감정평가 보고를 위한 고려사항을 확인하고 공표한다.

- 다양한 유형의 자산이나 부채의 감정평가에 일반적으로 사용되는 방법과 고려가 필요한 특정 사항을 확인한다.

국제감정평가기준은 감정평가가 본 기준에 따라 수행되었음을 명시하기 위한 필수 요구사항들을 정하고 있다. 국제감정평가기준이 일련의 특정 행위를 요구하거나 의무화하지는 않지만 감정평가 수행 시 반드시 고려해야 하는 기본 원칙과 개념을 제시한다.

국제감정평가기준위원회의 기준이사회는 국제감정평가기준을 작성할 때 다음의 핵심 원칙을 고려했다.

### 감정평가기준 설정의 핵심 원칙

#### 1. 목적(목표)
감정평가기준의 목적은 감정평가사에 대한 적절한 요건을 설정하여 감정평가에 대하여 높은 공공신뢰를 증진하고 유지하는 것이다.

#### 2. 감정평가기준
감정평가기준은 원칙에 기반하여야 하고, 가치에 대하여 신뢰할 수 있는 의견을 도출하여 감정평가 사용자에게 전달하는데 적절해야 한다.

#### 3. 감정평가기준의 제정과 개정
감정평가기준은 필요한 경우 적절한 공공의견 수렴과 투명한 과정을 거쳐 제정되고 개정되어야 한다.

#### 4. 관할권
국제감정평가기준과 상충되는 법적, 규정적 요건을 준수하기 위해 본 기준을 따르지 않는 것은 허용된다.

### 감정평가의 핵심 원칙

#### 1. 윤리
감정평가사는 대중의 신뢰를 증진하고 유지하기 위해 도덕성, 객관성, 공정성, 비밀유지, 능력함양 및 전문성에 대한 윤리규정을 반드시 준수해야 한다.

#### 2. 능력함양
감정평가 제출 시 감정평가사는 감정평가업무를 적절히 수행하기 위해 필요한 기술적 역량과 지식을 반드시 갖추어야 한다.

#### 3. 기준 준수
감정평가사는 감정평가에 적용된 감정평가기준을 반드시 명시하여 보고하여야 하고, 해당기준을 준수해야 한다.

#### 4. 기준가치(유형 또는 표준)
감정평가사는 반드시 감정평가의 기준이 되는 적합한 가치를 채택하여 모든 적용가능한 요건을 준수하여야 한다. 채택된 기준가치를 반드시 정의하거나 인용하여야 한다.

#### 5. 기준시점(감정평가 유효일/감정평가일)
감정평가사는 감정평가 분석, 의견 또는 결론에 대한 감정평가 기준시점을 명시하거나 보고하여야 한다. 또한 감정평가사는 감정평가를 공개하거나 보고한 날짜도 명시하여야 한다.

6. 가정과 조건
감정평가사는 감정평가 결과에 영향을 미칠 수 있는 해당 감정평가의 중요한 가정과 특정 감정평가조건을 반드시 명시해야 한다.

7. 용도
감정평가사는 반드시 감정평가의 용도를 분명하고 정확하게 밝히고 기재하여야 한다.

8. 사용자
감정평가사는 반드시 감정평가의 사용자를 분명하고 정확하게 밝히고 기재하여야 한다.

9. 업무 범위
감정평가사는 반드시 신뢰할 수 있는 감정평가 결론 도출이 가능한 적절한 업무 범위를 정하고 업무를 수행하여야 하며, 이를 명시하여야 한다.

10. 감정평가 대상 확정
감정평가사는 반드시 감정평가 대상물건을 명확히 하여야 한다.

11. 감정평가 자료
감정평가사는 반드시 신뢰할 수 있는 감정평가가 가능하도록 분명하고 투명한 방법으로 수집된 적정한 정보와 자료를 사용하여야 한다.

12. 감정평가 방법론
감정평가사는 반드시 신뢰할 수 있는 감정평가를 전개할 적정한 감정평가 방법론을 적절히 적용하여야 한다.

13. 감정평가의 전달
감정평가사는 감정평가의 자료 분석, 감정평가 의견 및 결론을 반드시 그 감정평가 사용자에게 명확히 전달하여야 한다.

14. 기록 보관
감정평가사는 업무 완료 후 해당 감정평가 사본과 그 업무 수행 기록을 반드시 적정한 기간 동안 보존하여야 한다.

국제감정평가기준은 다음과 같이 구성된다.

IVS *총설*
국제감정평가기준의 서문에 해당된다. 총설은 객관성, 판단력, 능력 함양 및 예외적 허용과 관련하여 국제감정평가기준을 준수하는 감정평가사를 위한 일반원칙을 담고 있다.

IVS *일반기준*
일반기준에서는 감정평가 계약 조건, 기준가치, 감정평가 접근법과 감정평가방법, 보고서 작성을 포함하여 모든 감정평가 업무 수행에 필요한 사항을 제시한다. 이 일반기준은 모든 유형의 자산과 모든 평가 목적에 적용 가능하도록 작성되었다.

IVS *자산기준*
자산기준은 자산 유형별 요건을 규정하고 있다. 감정평가 일반기준 외에 반드시 각 자산 유형에 따른 자산기준을 적용하여야 한다. 이 자산기준은 감정평가에 영향을 미치는 유형별 개별적인 특성을 포함하여 일반적으로 적용되는 감정평가 접근법과 방법 외에 각 자산 유형에 따라 적용해야 하는 추가적인 필수 사항을 규정하고 있다.

**시행일이란?**

2022 국제감정평가기준은 2022.1.31을 시행일로 하여 2021.7.31에 공포되었다. 국제감정평가기준위원회는 공포일로부터 2022 국제감정평가기준의 적용을 허용한다.

**국제감정평가기준의 향후 개정사항**

국제감정평가기준위원회의 기준이사회는 국제감정평가기준을 지속적으로 검토하여 이해관계자와 시장의 요구에 따라 필요하다면 이를 개정하거나 명확히 하고자 한다. 또한 2022 국제감정평가기준에 대해 언제든 내용을 추가하거나 개정할 수 있도록 하려는 계획을 가지고 있다. 개정 예정 및 개정 승인에 대한 내용은 국제감정평가기준위원회 홈페이지 www.ivsc.org에서 확인할 수 있다.

국제감정평가기준에 대해 자주 묻는 질문과 답변 내용도 www.ivsc.org에서 확인할 수 있다.

# 용어 정의

## 10. 용어정의 개요

10.1. 이 용어정의에서는 국제감정평가기준에 사용된 특정 용어를 정의한다.

10.2. 여기에 정의된 용어는 국제감정평가기준에만 적용되며, 감정평가사("감정평가사" 정의 참조)가 기본적으로 이해하고 있다고 가정되는 감정평가나 회계 또는 재무의 기초 용어를 정의하고자 하는 것이 아니다.

## 20. 용어 정의

### 20.1. 자산(Asset or Assets)

국제감정평가기준의 이해를 고취하고 중복을 피하기 위해 "자산"이라는 용어는 일반적으로 감정평가 업무의 대상이 될 수 있는 것을 지칭한다. 이 기준에서 별도로 정하지 않는 한 자산은 "자산, 일단의 자산, 부채, 일단의 부채, 혹은 일단의 자산과 부채"를 의미하는 것으로 볼 수 있다.

### 20.2. 기준가치(Basis (bases) of Value)

감정평가 가치가 기반으로 하고 있거나 기반이 될 기본 전제 (IVS 105 *감정평가 접근법과 감정평가방법*, 10.1 참조) (일부 관할권에서는 가치 표준이라고도 한다).

### 20.3. 의뢰인(Client)

"의뢰인"은 감정평가 업무 수행을 의뢰하는 개인 또는 기업을 의미한다. 이는 외부고객(즉, 감정평가사가 제3자와 계약한 경우)과 내부 고객(즉, 고용주를 위해 수행한 감정평가의 경우)이 모두 포함될 수 있다.

### 20.4. 비용(Cost(s), 명사)

자산을 취득하거나 창출하는데 필요한 대가나 지출.

### 20.5. 할인율(Discount Rate(s))

장래 지불하거나 수취할 화폐 금액을 현재가치로 환원하는데 사용되는 수익률.

### 20.6. 균형가치(Equitable Value)

균형가치는 충분한 지식과 자발적인 의사를 가진 당사자가 각자의 이익을 추구하여 자산이나 부채를 이전할 때 예상되는 가격을 말한다.

### 20.7. 공정 시장가치(Fair Market Value)

1. 경제협력개발기구(OECD)는 "공정 시장가치"를 공개 시장에서 자발적인 매수인이 자발적인 매도인에게 지불하는 가격으로 정의한다.

2. 미국 과세 규정 제20.2031-1조에서는 공정 시장가치를 "관련 사실에 대해 합리적인 지식을 가진 자발적인 매도인과 자발적인 매수인이 매도나 매수에 대해 어떠한 강박도 없는 상태에서 이전하는 자산의 가격"[1]이라고 정의하고 있다.

### 20.8. 공정가치(Fair Value)
(국제회계기준(IFRS): International Financial Reporting Standards)

IFRS 13은 "공정가치"를 측정일에 시장참가자 사이의 정상거래에서 자산을 매각할 때 받거나 부채를 이전할 때 지급하게 될 가격으로 정의한다.

### 20.9. 용도(Intended Use)

감정평가사가 의뢰인과의 의견 교환을 바탕으로 확인한 감정평가 보고서 또는 감정평가 검토보고서의 용도.

### 20.10. 사용자(Intended User)

감정평가사가 의뢰인과의 의견 교환을 바탕으로 확인한 감정평가 보고서 또는 감정평가 검토보고서의 사용자로서 이름이나 유형으로 명시된 의뢰인 및 그 외 당사자.

### 20.11. 투자가치(Investment Value)

개별적인 투자나 운용 목적에 따라 그 소유자 또는 어떤 예정 소유자가 갖는 자산의 가치(효용이라고도 한다).

### 20.12. 관할권(Jurisdiction)

"관할권"은 감정평가 계약이 수행되는 법적·규제적 환경을 말한다. 일반적으로 정부(예, 국가, 주, 지방자치단체)가 제정한 법률 및 규정과 특정 규제기관(예, 금융 당국이나 증권 규제기관)이 해당 목적에 따라 정한 규칙이 포함된다.

### 20.13. 청산가치(Liquidation Value)

청산가치는 자산 또는 일단의 자산이 해체 후 매각되어 실현되는 가액이다. 청산가치는 자산을 매각 가능한 상태로 만드는 비용과 처분 활동 비용을 모두 고려해야 한다. 청산가치는 두 가지 다른 가치 전제에 따라 결정될 수 있다(IVS 104 *기준가치*, 80 참조).

(a) 일반적인 마케팅 기간을 거친 정상적인 거래

(b) 마케팅 기간이 단축된 강제 거래

---

[1] 미국 국세청(United States Internal Revenue Service)

20.14. 시장가치(Market Value)

물건에 대해 잘 아는 신중하고 강박 없는 상태의 자발적인 매도인과 자발적인 매수인이 적절한 마케팅 후 사정이 개입되지 않은 정상적인 거래로 감정평가 기준시점에 교환하는 자산이나 부채의 추정가액.

20.15. 할 수 있다(May)

"할 수 있다"는 감정평가사가 고려할 책임이 있는 조치와 절차를 의미한다. 할 수 있다고 규정된 경우, 감정평가사의 주의와 이해가 필요하다. 감정평가사가 감정평가 업무에서 해당 규정을 이행하는 방법과 이행 여부는 본 기준의 목적에 부합하는 범위에서 감정평가사의 전문적인 판단에 따른다.

20.16. 반드시 해야 한다(Must)

"반드시 해야 한다"는 무조건적인 책임을 의미한다. 감정평가사는 이 규정이 적용되는 상황에서 해당 규정이 요구하는 모든 책임을 충족해야 한다.

20.17. 참가자(Participant)

"참가자"는 감정평가 업무(IVS 104 *기준가치* 참조)에서 사용되는 기준가치에 따른 관련 참가자를 의미한다. 감정평가사는 "시장 참가자"가 갖는 관점(예, 시장가치나 IFRS의 공정가치)이나 혹은 특정 소유자나 매수 예정자가 갖는 관점(예, 투자가치)과 같이 해당 기준가치에 따라 서로 다른 관점을 고려해야 한다.

20.18. 가격(Price, 명사)

가격은 자산에 대해 요구하거나, 제안하거나, 혹은 지불하는 금전적 또는 그 밖의 대가로, 가치와 다를 수 있다.

20.19. 목적(Purpose)

"목적"은 감정평가가 수행되는 이유를 의미한다. 일반적인 감정평가 목적은 재무보고, 세무 보고, 소송 참고, 일반거래, 담보 목적 등이지만, 이 목적에만 한정되는 것은 아니다.

20.20. 한다(Should)

"한다"는 추정상 의무적인 책임을 가리킨다. 감정평가사는 특정 상황에서 규정과 다른 조치가 해당 기준의 목적 달성에 충분했다는 것을 입증하지 않는 한 해당 규정을 준수해야 한다.

감정평가사가 해당 기준의 목적을 다른 수단으로 달성할 수 있다고 판단한 예외적인 경우에는 규정상의 내용이 필요하지 않거나 적절하지 않았다고 판단한 사유를 반드시 문서화해야 한다.

감정평가사가 고려"한다"고 규정된 조치나 절차가 있는 경우, 그 조치나 절차가 아니라 그에 대한 고려가 추정상 의무적이다.

### 20.21. 상당한(Significant) 및/또는 중요한(Material)

상당성과 중요성은 전문적인 판단을 요한다. 다만, 그 판단은 다음과 같은 맥락에서 이루어져야 한다.

- 감정평가의 여러 측면(적용 자료, 일반적 가정, 특별한 가정, 적용된 감정평가 접근법과 감정평가방법 포함)은 감정평가에 적용되거나 영향을 줌으로서 감정평가 사용자의 경제적 결정이나 다른 결정에 영향을 미칠 것이 합리적으로 예상되는 경우 상당하다거나 중요하다고 간주된다. 따라서 중요성은 감정평가 대상 자산의 규모나 성격을 고려한 전반적인 감정평가 업무 내용에 비추어 판단한다.
- 이 기준에서 언급되는 "중요한/중요성"은 감정평가 업무에서의 중요성을 말하며, 재무보고나 감사 등의 목적에서 말하는 중요성 고려사항과는 다를 수 있다.

### 20.22. 대상(Subject) 또는 대상 자산(Subject Asset)

특정 감정평가 업무에서 평가되는 자산을 지칭한다.

### 20.23. 시너지 가치(Synergistic Value)

둘 혹은 그 이상의 자산이나 소유권을 결합한 결과 각 자산 가치의 총합보다 큰 가치를 말한다. 특정 매수인에게만 가능한 시너지라면, 그 매수인에게만 가치 있는 어떤 자산의 특성을 반영하는 것이므로, 이 때의 시너지 가치는 시장가치와 다를 것이다. 각 개별 소유권의 총합을 초과하는 추가 가치를 흔히 결합가치라고도 한다.

### 20.24. 감정평가(Valuation)

국제감정평가기준에 따라 특정 일자에 명시된 기준가치로 자산의 가치에 대한 의견이나 결론을 결정하는 행위 또는 과정

### 20.25. 감정평가 접근법(Valuation Approach)

일반적으로 하나 또는 그 이상의 감정평가방법을 적용하여 가치를 산정하는 방법 (IVS 105 *감정평가 접근법과 감정평가방법* 참조).

### 20.26. 감정평가방법(Valuation Method)

감정평가 접근법 내에서 가치를 산정하는 특정한 방법.

### 20.27. 감정평가 목적(Valuation Purpose 또는 Purpose of Valuation)

"목적" 참고.

### 20.28. 검토 감정평가사(Valuation Reviewer)

"검토 감정평가사"는 다른 감정평가사가 한 감정평가를 검토하는 감정평가사이다.
감정평가 검토의 일부로서, 검토 감정평가사는 감정평가 절차의 일부를 수행하거나 가치에 대한 의견을 제시할 수 있다.

20.29. 가치(Value, 명사)

국제감정평가기준을 준수하여 감정평가 과정에서 도출된 의견. 자산의 소유권에 대한 가장 가능성 있는 금전적 대가 또는 명시된 기준가치로 자산의 소유권을 보유하여 얻는 경제적 이득의 추정치이다.

20.30. 감정평가사(Valuer)

"감정평가사"는 고용된(내부적) 것인지 약정된(계약된/외부적) 것인지와 관계없이, 객관적이고, 편견 없이, 윤리적이고, 능력 있는 방식으로 감정평가를 수행할 필요한 자격, 능력, 경험을 보유한 개인이나 개인 단체 또는 회사 내의 개인을 말한다. 일부 관할권에서는 감정평가사로서 활동하기 전에 자격을 취득하여야 한다.

20.31. 가중치(Weight)

"가중치"는 가치 결론에 도달하는 데 있어 특정한 시산가치에 둔 의존 정도를 말한다(예, 하나의 감정평가방법이 사용된다면, 가중치는 100%가 부여된다).

20.32. 가중치 부여(Weighting)

"가중치 부여"는 다른 감정평가방법이나 감정평가 접근법에 의해 산출된 시산가치를 분석하거나 조정하는 과정에서 이루어진다. 단순히 시산가치를 평균하는 것을 의미하는 것이 아니며 이러한 단순 평균은 허용되지 않는다.

20.33. 효용(Worth)

투자가치 참조.

# IVS 총설

| 목차 | |
|---|---|
| 기준 준수 | 10 |
| 자산과 부채 | 20 |
| 감정평가사 | 30 |
| 객관성 | 40 |
| 능력함양 | 50 |
| 예외적 허용 | 60 |

## 10. 기준 준수

10.1. *감정평가*가 국제감정평가기준에 따라 수행되었거나 수행된다는 것이 명시된 경우, 국제감정평가기준위원회가 공표하는 모든 관련 기준에 따라 *감정평가* 되었다는 의미를 내포한다.

10.2. *감정평가*가 국제감정평가기준을 준수하려면, *감정평가사*는 반드시 국제감정평가 기준에 포함된 모든 요건을 준수*해야* 한다.

10.3. *감정평가사*는 이 총설 60에 서술된 부분만 국제감정평가기준의 적용 예외로 할 수 있다.

## 20. 자산과 부채

20.1. 국제감정평가기준은 *자산*과 *부채* 및 *자산*과 *부채*의 현재와 장래 권리에 대한 *감정평가*에 모두 적용할 수 있다. 이 기준에 대한 이해를 고취시키기 위해 *자산*이라는 단어는 다르게 명시되거나 또는 문맥상 부채가 제외되는 것이 분명하지 않는 한, 부채와 일단의 *자산*, 부채, 또는 *자산*과 부채를 포함하는 것으로 정의하였다.

## 30. 감정평가사

30.1. *감정평가사*는 고용된(내부적) 것인지 약정된(계약된/외부적) 것인지와 관계없이, 객관적이고, 편견 없이, 윤리적이고, 능력 있는 방식으로 *감정평가*를 수행하는데 필요한 자격, 능력, 경험을 보유한 개인이나 개인 단체 또는 회사 내의 개인으로 정의한다. 일부 *관할권*에서는 *감정평가사*로서 활동하기 전에 자격을 취득하여야 한다. *검토 감정평가사* 역시 반드시 감정평가사여야 하므로, *감정평가사*라는 용어가 다르게 명시되거나 또는 문맥상 *검토 감정평가사*를 제외하는 것이 분명하지 않는 한, 국제감정평가기준의 가독성을 위해 이는 *검토 감정평가사*를 포함한다.

## 40. 객관성

40.1. *감정평가* 과정은 *감정평가사*가 감정평가 자료와 가정의 신뢰성에 대해 공정하게 판단할 것을 요구한다. *감정평가*를 신뢰할 수 있으려면 그 판단이 투명성을 제고하고 주관적 요인에 의한 영향을 최소화하는 방식으로 이루어지는 것이 중요하다. *감정평가*에서의 판단은 편향된 분석, 의견 및 결론을 피하기 위해 *반드시* 객관적으로 이루어*져야* 한다.

40.2. 국제감정평가기준을 적용할 때, 감정평가의 결과가 편향되지 않도록 감정평가 과정에서 필요한 정도의 객관성을 보장하기 위한 적절한 통제와 절차가 마련되어 있어야 한다. 국제감정평가기준위원회의 *감정평가사 전문가 윤리강령*은 전문가적 업무 수행을 위한 적절한 체계의 예를 제시하고 있다.

## 50. 능력함양

50.1. *감정평가*는 고용된(내부적) 것인지 약정된(계약된/외부적) 것인지와 관계없이, 객관적이고, 편견 없이, 윤리적이고, 능력 있는 방식으로 *감정평가*를 수행하는데 필요한 자격, 능력, 경험을 보유하고, *감정평가* 대상과 그 거래 시장 및 *감정평가* 목적에 대한 적절한 기술적 능력, 경험, 지식을 갖춘 개인이나 개인 단체 또는 회사 내의 개인이 *반드시* 수행*해야* 한다.

50.2. *감정평가사*가 *감정평가*의 모든 부분을 수행할 기술적인 능력, 경험, 지식을 모두 보유하지 않은 경우 전체 업무 중 특정 부분에 대한 전문가의 지원을 받을 수 있지만, 이러한 내용을 업무범위 (IVS 101 *업무 범위* 참조)와 감정평가 보고서(IVS 103 *감정평가 보고* 참조)에 명시한다.

50.3. *감정평가사*는 *반드시* 전문가의 업무를 이해하고, 해석하고, 활용할 전문적인 능력과 경험 및 지식을 갖추*어야* 한다.

## 60. 예외적 허용

60.1. "*예외적 허용*"은 국제감정평가기준의 규정 일부와 다르지만, *반드시* 따라야 하는 특정 법률, 규정 또는 기타 규칙이 있는 상황을 말한다. *감정평가사*는 국제감정평가기준을 준수하기 위해 *감정평가*의 *목적과 관할권*에 적합한 법률, 규정 또는 기타 규칙을 *반드시* 준수*해야* 하므로 이 예외적 허용은 필수적이다. 이런 상황에서 예외적 허용이 있는 경우 *감정평가사*는 여전히 *감정평가*가 국제감정평가기준에 의해 수행되었다고 명시할 수 있다.

60.2. 법률, 규정 또는 기타 당국의 요건에 부합하기 위해 국제감정평가기준을 벗어날 필요가 있는 경우 이는 국제감정평가기준의 모든 다른 요건에 우선한다.

60.3. IVS 101 *업무범위*, 20.3(n)와 IVS 103 *보고서 작성*, 10.2에서 규정하는 바와 같이, 예외적 허용의 성격을 *반드시* 확인*해야* 한다(예를 들어, 감정평가가 국제감정평가기준을 따른 것인지 아니면 지역 과세규정을 따른 것인지를 밝히는 것이다). 예외적 허용이 수행된 감정평가 과정, 적용된 감정평가 자료와 가정 및 감정평가 결과에 *상당한* 영향을 미치는 경우, *감정평가사*는 *반드시* 적용된 법률, 규정, 기타 다른 당국의 요건 및 국제감정평가기준의 요건과 다른 그 *상당한* 차이점을 명시*해야* 한다(예를 들어, 국제감정평가기준에서는 수익접근법을 적용한*다*고 규정한

반면, 관련 *관할권* 규정에서는 시장접근법의 적용만을 요건으로 하는 경우 그 내용을 명시한다).

60.4. 법률, 규정 또는 기타 당국의 요건을 준수하기 위한 것이 아니면서 국제감정평가기준을 벗어나는 것은 국제감정평가기준에 따른 *감정평가*에서 허용되지 않는다.

# 일반 기준

## IVS 101 업무 범위

| 목차 | |
|---|---|
| 개요 | 10 |
| 일반 요건 | 20 |
| 업무 범위의 변경 | 30 |

### 10. 개요

10.1. 업무 범위(계약 조건이라고도 함)는 평가하는 *자산*, *감정평가 목적*과 *감정평가*에 관련된 당사자들의 책임 등 *감정평가*의 기본적 사항을 말한다.

10.2. 이 기준은 다음을 포함하여 감정평가 업무 전반에 적용하기 위하여 제정되었다.

(a) *감정평가사*가 고용주를 위하여 수행하는 *감정평가* (고용)

(b) *감정평가사*가 고용주가 아닌 *의뢰인*을 위하여 수행하는 *감정평가* (계약)

(c) *검토 감정평가사*가 *가치*에 대한 자기의 의견을 제시하지 않을 수 있는 감정평가 검토

### 20. 일반 요건

20.1. 모든 감정평가 조언과 준비 과정에서 수행된 업무는 반드시 *의도한 목적*에 적합*해야* 한다.

20.2. *감정평가사*는 완료 및 보고 전에 해당 감정평가 조언을 제공받는 자가 감정평가에서 제공되는 내용과 그 사용에 대한 제한 사항을 이해하고 있는지 반드시 확인*해야* 한다.

20.3. *감정평가사*는 업무 완료 전에 다음의 내용을 포함한 업무범위에 대해 *의뢰인*과 반드시 소통*해야* 한다:

(a) *감정평가사* 확인: *감정평가사*는 개인, 개인 단체 또는 기업일 수 있다. *감정평가사*가 해당 감정평가의 대상 *자산*이나 해당 업무의 다른 당사자와 중요한 연관성이 있거나 이해관계가 있는 경우, 또는 *감정평가사*가 편견없이 객관적인 *감정평가*를 수행하는 것을 제한할 수 있는 다른 요인 등이 있는 경우에는 반드시 처음부터 이를 *밝혀야* 한다. 이를 밝히지 않으면, 이 감정평가는 국제감정평가

기준을 준수하지 않은 것이다. *감정평가사*가 업무와 관련하여 다른 사람으로부터 *중요한 지원*을 받는 경우, 지원의 내용과 의존 정도를 *반드시* 명시*해야* 한다.

(b) *의뢰인* (있는 경우) 확인: 해당 감정평가 업무가 누구를 위한 것인지 확인하는 것이 중요한데, 이는 감정평가 보고서의 형식과 내용을 결정할 때 의뢰인이 필요로 하는 정보가 포함되어 있는지 확인하기 위한 것이다.

(c) *사용자* (있는 경우) 확인: 감정평가 보고서의 내용과 형식이 이러한 사용자의 요구를 충족하는지 확인하기 위해 감정평가 보고서의 다른 *사용자*가 있는지 여부와 그들이 누구인지 및 요구사항을 확인하는 것이 중요하다.

(d) 감정평가 대상 *자산* : 감정평가 대상 자산은 *반드시* 분명하게 확인*해야* 한다.

(e) 감정평가 통화 단위: *감정평가* 및 최종 감정평가 보고서와 결론의 통화 단위를 *반드시* 설정*해야* 한다. 예를 들어, *감정평가*는 유로나 미국 달러를 기준으로 할 수 있다. 이 요건은 여러 국가의 *자산* 또는 여러 통화의 현금 흐름을 포함하는 감정평가에서 특히 중요하다.

(f) *감정평가*의 목적 : 감정평가 의견이 맥락을 벗어나 사용되거나 의도한 목적을 벗어나 사용되지 않는 것이 중요하므로 *감정평가의 목적*은 *반드시* 분명*해야* 한다. *감정평가의 목적*은 일반적으로 적용된 *기준가치*에 영향을 미치거나 이를 결정한다.

(g) 적용된 *기준가치* : IVS 104 *기준가치*에 따르면, 감정평가 기준은 *반드시 감정평가 목적*에 부합*해야* 한다. 적용된 *기준가치*의 정의는 *반드시* 그 출처를 밝히거나 근거를 설명*해야* 한다. *가치*에 대한 의견을 제시하지 않으며 검토 감정평가사가 적용된 *기준가치*에 대하여 의견을 제시할 필요가 없는 감정평가 검토에서는 이 요건이 적용되지 않는다.

(h) 감정평가 기준시점: 감정평가 기준시점은 *반드시* 명시*해야* 한다. 감정평가 기준시점이 보고서 작성일이나 현장조사 시행일 또는 완료일과 다른 경우, 해당일자들을 명확히 구별*한다*.

(i) *감정평가사* 업무의 성격과 범위 및 그에 대한 제한 사항: 감정평가 업무 시 실지조사, 자료 요청 및 분석에 대한 제한이나 제약은 *반드시* 확인*해야* 한다 (IVS 총설, 60.1 - 60.4 참조). 실지 조사를 제한하는 업무조건으로 인해 관련 자료의 수집이 어려운 경우, 그 제한 내용과 이로 인해 발생하는 일반적 조건 또는 특별한 가정은 반드시 확인*해야* 한다(IVS 104 *기준가치*, 200.1 - 200.5 참조).

(j) *감정평가사*가 의존하는 자료의 성격 및 출처: 감정평가의 근거가 된 관련 자료의 성격과 출처 및 감정평가 과정에서 시행된 모든 검증의 범위를 *반드시* 확인*해야* 한다.

(k) *중요한* 가정 및 특별한 가정: 감정평가 업무 수행과 보고에서의 모든 *중요한* 가정과 특별한 가정은 *반드시* 확인*해야* 한다.

(l) 작성되는 보고서의 유형: 보고서의 형식, 즉, *감정평가*가 전달되는 방식을 *반드시* 설명*해야* 한다.

(m) 보고서의 사용, 배포, 공개에 대한 제한: *감정평가*의 활용이나 그 사용자를 제한할 필요가 있거나 제한하는 것이 바람직한 경우, 감정평가의 *사용자*와 제한사항을 *반드시* 명확히 전달*해야* 한다.

(n) *감정평가*는 국제감정평가기준을 준수하여 수행하며 *감정평가사*는 모든 *중요한* 감정평가 자료의 적절성을 판단한다: *감정평가*가 국제감정평가기준과 현지 과세 규정에 따라 수행되었다는 것을 밝히는 것과 같이 모든 예외적 허용은 *반드시* 설명*해야* 한다. 예외적 허용과 관련된 IVS *총설*의 60.1 - 60.4를 참고한다.

20.4. 가능하다면 업무범위는 *감정평가사*가 업무를 착수하기 전에 감정평가 업무 당사자간에 설정하고 합의*한다*. 다만, 특정 상황에서는 계약 당시에 감정평가 업무의 범위가 명확하지 않을 수 *있다*. 이 경우 그 업무범위가 명확해지면, *감정평가사*는 반드시 *의뢰인*과 소통하여 업무범위를 합의*해야* 한다.

20.5. 문서화된 업무범위가 필요하지 않을 수 *있다*. 그러나 *감정평가사*는 그 업무범위에 대해 *의뢰인*과 소통할 책임이 있으므로, 업무범위를 서면으로 작성*한다*.

20.6. 일부 업무범위는 상시 계약 지침, 기본 용역 계약이나 회사의 내규와 절차 등의 문서에서 다뤄질 수 *있다*.

## 30. 업무 범위의 변경

30.1. 20.3의 일부 항목은 감정평가 업무가 진행될 때까지 정해지지 않을 수 *있으며*, 추가 자료가 주어지거나 추가 조사가 필요한 문제의 발생으로 업무 수행 중 그 업무범위의 변경이 필요할 수 *있다*. 따라서 업무범위는 처음에 설정될 수도 있고, 업무 수행 중 설정될 수도 있다.

30.2. 시간이 경과하며 업무범위가 변경된 감정평가에서, 20.3의 내용과 시간 경과로 인한 모든 변경사항은 감정평가 완료 및 보고서 발송전에 *반드시 의뢰인*에게 전달*해야* 한다.

## IVS 102 실지조사와 기준 준수

| 목차 | |
|---|---|
| 일반 원칙 | 10 |
| 실지조사 | 20 |
| 감정평가 기록 | 30 |
| 기타 기준의 준수 | 40 |

### 10. 일반 원칙

10.1. 국제감정평가기준을 준수하기 위해서는, *반드시* 감정평가 *목적*에 부합하는 국제감정평가기준의 모든 원칙 및 감정평가 업무범위에 명시된 내용과 조건에 따라 감정평가 및 감정평가 검토를 수행*해야* 한다.

### 20. 실지조사

20.1. 감정평가 업무 중에 행한 실지조사는 반드시 감정평가의 *목적*과 *기준가치*에 적합*해야* 한다. 이 기준에서 언급하는 *감정평가* 또는 감정평가 업무는 감정평가 검토를 포함한다.

20.2. *감정평가*를 적절히 뒷받침하기 위해 실지 조사, 탐문, 산출, 분석 등의 방법으로 *반드시* 충분한 자료를 수집*해야* 한다. 필요한 자료의 범위를 결정할 때는 수집된 자료가 *감정평가*의 *목적*에 부합하는가에 대한 전문적인 판단이 요구된다.

20.3. *감정평가사*의 실지 조사 범위에 제한이 설정될 수 *있다*. 이러한 제한은 반드시 업무범위에 기재*해야* 한다. 다만, IVS 105 *감정평가 접근법과 감정평가방법*, 10.7에서는 *감정평가사*가 감정평가의 모든 기재 내용과 가정 및 감정평가 *목적*에의 적합성을 판단하기 위해 충분히 분석하도록 규정하고 있다. 실지조사에 대한 제한이 *감정평가사*가 그 내용과 가정을 적절히 판단할 수 없을 정도로 중대한 경우, 그 감정평가는 국제감정평가기준을 준수하여 수행되었다고 명시해서는 *안 된다*(must).

20.4. *감정평가사*가 아닌 자가 제공한 자료에 의해 감정평가가 수행되는 경우, 해당 자료의 신뢰성 여부와 그 자료가 감정평가 의견의 신뢰성에 악영향을 미치지 않고 사용 할 수 있는 자료인가를 검토*한다*. 감정평가사에게 제공된 *중요한* 자료(예, 경영자/소유자가 제공한 경우)는 검토*하고*, 조사하거나 또는 검증*한다*. 제공된 자료의 신뢰성이나 확실성이 뒷받침되지 않는 경우, 해당 자료의 활용 여부와 활용 방식에 대해 검토*한다*.

20.5. 주어진 자료의 신뢰성과 확실성을 판단하기 위해 *감정평가사*는 다음의 내용을 검토*한다*.

(a) *감정평가*의 목적

(b) 감정평가 결론에 대한 해당 자료의 *중요성*

(c) 대상 사안과 관련된 출처의 전문성

(d) 그 출처가 *감정평가*의 대상 자산이나 수령인과 독립적인지 여부(IVS 101 *업무범위*, 20.3 (a) 참조)

20.6. *감정평가*의 목적, *기준가치*, 실지조사의 범위와 제한 및 근거가 될 수 있는 자료의 출처는 감정평가 업무의 모든 당사자에게 *반드시 전달되어야* 하는 감정평가 업무범위의 일부이다(IVS 101 *업무범위* 참조).

20.7. 감정평가 업무 수행 중, 업무범위에 포함된 실지조사가 신뢰할 수 있는 *감정평가* 결과로 이어지지 않거나, 제3자가 제공한 자료를 이용할 수 없거나 부적절한 경우, 또는 *감정평가사*가 감정평가의 모든 기재 내용과 가정에 대해 충분히 판단할 수 없을 정도로 실지조사의 제한이 중대한 경우, 그 감정평가는 국제감정평가기준을 준수한 것이 아니다.

## 30. 감정평가 기록

30.1. 관련 법적, 규제적 또는 단속적 요건을 고려하여, 감정평가 업무 수행 중 감정평가 결론에 이르게 된 산출 근거와 업무 기록을 업무 완료 후 합리적인 기간동안 *반드시 보관해야* 한다. 이 기록은 감정평가 주요 내용, 모든 산출 내용, 감정평가 결론에 관계된 실지조사와 분석 및 *의뢰인*에게 제공된 초안과 최종 보고서의 사본을 *포함한다*.

## 40. 기타 기준의 준수

40.1. IVS *총설*에서 언급된 바와 같이, 국제감정평가기준의 일부 규정과 다른 법적, 규제적, 규정적, 또는 기타 당국의 요건을 *반드시 준수해야* 하는 경우, *감정평가사*는 그 해당 법적, 규제적, 규정적, 또는 기타 당국의 요건("*예외적 허용*"이라 함)을 *반드시 준수해야 한다*. 이 때의 *감정평가*는 여전히 국제감정평가기준을 전반적으로 준수하여 수행된 것이다.

40.2. 감정평가협회나 다른 전문기구 또는 회사의 내부 규정이나 절차의 대부분은 국제감정평가기준과 모순되지 않으며, 대신 일반적으로 *감정평가사*에게 추가 요건을 부과한다. 국제감정평가기준의 모든 요건을 충족하는 한 이러한 기준들은 *예외적 허용*으로 간주되지 않고, 국제감정평가기준에 추가하여 준수할 수 *있다*.

## IVS 103 감정평가 보고

| 목차 | |
|---|---|
| 개요 | 10 |
| 일반 요건 | 20 |
| 감정평가 보고서 | 30 |
| 감정평가 검토 보고서 | 40 |

### 10. 개요

10.1. 감정평가 보고에서는 *감정평가* 또는 감정평가 검토의 올바른 이해를 위해 필요한 정보를 전달하는 것이 중요하다. 감정평가 보고는 반드시 그 *사용자*에게 *감정평가*에 대한 명확한 이해를 제공*해야* 한다.

10.2. 유용한 정보를 제공하기 위해, 감정평가 보고는 반드시 업무 범위, 목적과 용도 (용도에 대한 제한 포함)를 명확하고 정확하게 설명하고, *감정평가*에 직접 영향을 미치는 모든 조건, 특별한 가정(IVS 104 *기준가치*, 200.4 참조), *상당한* 불확실성, 또는 제한 조건을 공개*해야* 한다.

10.3. 이 기준은 포괄적인 서술형 보고서부터 약식 요약 보고서까지 다양할 수 있는 모든 감정평가 보고 또는 감정평가 검토 결과 보고에 적용한다.

10.4. 특정 자산 유형에 대해서는 이 기준과 다르거나 보고해야 할 추가 요건이 있을 수 있다. 이러한 내용은 국제감정평가기준의 자산기준 부분에서 설명한다.

### 20. 일반 요건

20.1. *감정평가*의 목적과 평가 대상 *자산*의 복잡성 및 사용자의 요구에 따라 감정평가 보고서의 적절한 세부 수준이 결정된다. 감정평가 보고서의 형식은 업무범위 설정의 일부로서 모든 당사자의 합의에 의한다 (IVS 101 *업무범위* 참조).

20.2. 이 기준의 준수를 위해 특정한 양식이나 형식의 보고서가 요구되는 것은 아니다. 다만, 보고서는 반드시 감정평가 업무 범위와 수행한 작업 및 도출된 결론을 그 *사용자*에게 전달하기에 충분*해야* 한다.

20.3. 또한 해당되는 경우, 감정평가 보고서는 사전에 해당 감정평가 업무에 관련되지 않았던 충분한 경험을 갖춘 감정평가 전문가가 그 보고서를 검토하고 30.1와 40.1의 조항을 이해하기에 충분해야 *한다(should)*.

### 30. 감정평가 보고서

30.1. 보고서가 자산 *감정평가*와 관련된 업무의 결과인 경우, 그 보고서는 최소한 다음의 내용을 반드시 포함*해야* 한다.

(a) IVS 101 *업무범위*, 20.3에서 언급된 항목을 포함하여 수행된 업무의 범위와 각 항목이 해당 업무에 적용되는지 여부

(b) *용도*

(c) *사용자*

(d) *목적*

(e) 채택된 감정평가 접근법

(f) 적용된 감정평가방법

(g) 적용된 중요 자료

(h) 설정된 감정평가 가정

(i) *가치* 결과와 도출된 결과의 주요 근거

(j) 보고 일자(이는 감정평가 기준시점과 다를 수 *있다*)

30.2. 상기 항목 중 일부는 명시적으로 보고서에 기재되거나 기타 다른 문서(계약서, 업무범위 설정서, 내부 규정과 절차 등)에 언급됨으로써 보고서에 포함될 수 *있다*.

## 40. 감정평가 검토 보고서

40.1. 보고서가 감정평가 검토의 결과인 경우, 그 보고서는 최소한 다음을 *반드시 포함해야 한다*.

(a) IVS 101 *업무범위*, 20.3에서 언급된 항목을 포함하여 수행된 검토의 범위와 각 항목이 해당 업무에 적용되는지 여부

(b) 검토된 감정평가 보고서와 *감정평가*의 기초가 된 근거 자료 및 가정

(c) 검토 감정평가사의 검토 업무에 따른 결론과 이를 뒷받침할 사유

(d) 보고 일자(이는 감정평가 기준시점과 다를 수 *있다*).

40.2. 상기 항목 중 일부는 명시적으로 보고서에 기재*되거나* 기타 다른 문서(예, 계약서, 업무범위 설정서, 내부 규정과 절차 등)에 언급됨으로써 보고서에 포함될 수 *있다*.

# IVS 104 기준가치

| 목차 | |
|---|---|
| 개요 | 10 |
| 기준가치 | 20 |
| IVS 정의 기준가치 - 시장가치 | 30 |
| IVS 정의 기준가치 - 시장임대료 | 40 |
| IVS 정의 기준가치 - 균형가치 | 50 |
| IVS 정의 기준가치 - 투자가치/투자효용 | 60 |
| IVS 정의 기준가치 - 시너지가치 | 70 |
| IVS 정의 기준가치 - 청산가치 | 80 |
| 기타 기준가치 - 공정가치 (IFRS) | 90 |
| 기타 기준가치 - 공정시장가치 (OECD) | 100 |
| 기타 기준가치 - 공정시장가치 (미국 국세청) | 110 |
| 기타 기준가치 - 공정가치 (각 관할권의 법령상) | 120 |
| 가치의 전제/이용에 대한 가정 | 130 |
| 가치의 전제 - 최유효이용 | 140 |
| 가치의 전제 - 현재의 이용/기존의 이용 | 150 |
| 가치의 전제 - 정상적인 절차에 의한 청산 | 160 |
| 가치의 전제 - 강제 매각 | 170 |
| 기업 특정 요인 | 180 |
| 시너지 | 190 |
| 일반적 가정과 특수한 가정 | 200 |
| 거래 비용 | 210 |
| 가치의 배분 | 220 |

이 필수 기준을 준수하려면 *감정평가사* 는 적절한 기준가치를 선정하고, 선정한 *기준가치* 에 적용되는 요건이 본 기준의 일부(IVS가 정의한 *기준가치*)인지, 아닌지(IVS가 정의하지 않은 *기준가치*)에 관계없이 해당 *기준가치* 와 관련된 모든 요건을 준수해야 한다.

## 10. 개요

10.1. *기준가치*(가치 표준이라고도 한다)는 감정평가 *가치* 의 기준이 되는 기본 전제를 설명한다. *기준가치* 는 감정평가사가 감정평가방법을 선정하고, 관련 자료를 수집하여 가정을 설정함으로써 궁극적으로 가치 의견을 도출하는데 영향을 미치거나 이를 좌우할 수 있으므로, 해당 감정평가 업무의 조건과 목적에 부합해야 한다.

10.2. *감정평가사*는 법령, 규정, 사적 계약, 기타 다른 규정에 의해 정의된 *기준가치*를 사용해야 할 수 있다. 이 때의 기준가치는 해당 법령 등에 따라 해석되고 적용되어야 한다.

10.3. *감정평가*에서 사용되는 *기준가치*는 다양하나, 가정하고 있는 거래, 거래일자, 거래의 당사자와 같이 대부분 특정 공통 요소를 가지고 있다.

10.4. *기준가치*에 따라 가정된 거래는 다음과 같은 여러 형태를 취할 수 있다.

   (a) 가상 거래
   (b) 실제 거래
   (c) 매수(또는 진입) 거래
   (d) 매도(또는 출구) 거래
   (e) 특정 특성을 가진 특정 시장이나 가상 시장에서의 거래

10.5. 가정된 거래일은 *감정평가사*가 *감정평가*에서 고려하는 정보와 자료에 영향을 미친다. 대부분 *기준가치*는 측정/평가일에 알려져 있지 않거나, *참가자*가 합리적인 조사에 의해 알 수 없는 정보나 시장 정서를 고려하는 것을 금지한다.

10.6. 대부분 *기준가치*는 거래 당사자에 대한 가정을 반영하고, 거래 당사자에 대한 일정 수준의 설명을 제시한다. 이 거래 당사자들은 다음과 같은 하나 또는 그 이상의 실제 또는 가상의 특성을 포함할 수 있다.

   (a) 가상의 당사자
   (b) 알려진 당사자 또는 특정 당사자
   (c) 확인되었거나 확정된 잠재적 당사자들 중 일원
   (d) 당사자가 추정일에 특정 조건이나 동기(예, 강박)가 있는지 여부
   (e) 가정된 지식 수준

## 20. 기준가치

20.1. 국제감정평가기준은 국제감정평가기준에서 정의하고 있는 아래 열거된 *기준가치* 외에도, 개별 *관할권*의 법률에 규정되었거나 국제적 합의에 의해 인정되고 채택된, 기타 국제감정평가기준이 정의하지 않은 *기준가치*의 개략적인 목록을 제공하고 있다.

   (a) 국제감정평가기준 정의 *기준가치*
      1. *시장가치*(30)
      2. *시장임대료*(40)
      3. *균형가치*(50),
      4. *투자가치/투자효용*(60)

          5. *시너지 가치*(70)
          6. *청산가치*(80)
      (b) 기타 기준가치 (개략적 예시)
          1. *공정가치* (IFRS) (90)
          2. *공정 시장가치* (OECD) (100)
          3. *공정 시장가치* (미국 국세청) (110)
          4. *공정가치* (법령상) (120)
              a. 미국 모범회사법
              b. 캐나다 판례법(매닝(Manning) 대 해리스 스틸 그룹(Harris Steel Group Inc)

20.2. *감정평가사*는 반드시 감정평가 업무 조건과 목적에 따라 적절한 *기준가치*를 선정해야 한다. *감정평가사*가 기준가치를 선정할 때는 *의뢰인*이나 그 대리인의 요구사항 및 의견을 고려*한다*. 그러나 *감정평가사*에게 제공된 그 요구내용과 자료에 관계없이, *감정평가사*는 감정평가 *목적*에 부합하지 않는 *기준가치*는 사용하지 않아야 *한다* (예, 국제회계기준에 따른 재무보고 목적의 감정평가를 의뢰 받은 경우, *감정평가사*는 국제감정평가기준 준수를 위해 국제감정평가기준에서 정의하지 않거나 언급되지 않은 *기준가치*를 사용할 수 있다).

20.3. IVS 101 *업무범위*에 따라, *기준가치*는 반드시 *목적*에 부합*해야* 하며 반드시 사용된 *기준가치*의 정의 출처를 명시하거나 근거를 설명*해야* 한다.

20.4. *감정평가사*는 적용된 모든 *기준가치*와 관련된 규정, 판례, 기타 해설 지침을 파악할 책임이 있다.

20.5. 이 기준의 90에서 120에 설명된 *기준가치*는 국제감정평가기준위원회가 아닌 다른 기관에서 정의한 것으로, 해당 기관이 관련 정의를 사용하고 있는지 확인할 책임은 *감정평가사*에게 있다.

## 30. IVS 정의 기준가치 – 시장가치

30.1. *시장가치*는 물건에 대해 잘 아는 신중하고 강박 없는 상태의 자발적인 매도인과 자발적인 매수인이 적절한 마케팅 후 사정이 개입되지 않은 정상적인 거래로 감정평가 기준시점에 교환*하는 자산*이나 부채의 추정가액이다.

30.2. *시장가치*의 정의는 반드시 다음의 개념 체계에 따라 적용*해야* 한다.

    (a) "추정가액"은 정상적인 시장 거래에서 *자산*에 대해 지불가능한 금액으로 표시되는 *가격*을 말한다. *시장가치*는 그 *시장가치* 정의에 따라 감정평가 기준시점에 시장에서 합리적으로 얻을 수 있는 가장 가능성이 높은 가격이다. 이는 매도인이 합리적으로 얻을 수 있는 최선의 가격이자 매수인이 합리적으로 얻을 수 있는 가장 유리한 가격이다. 특히 이 추정에서는 이례적인 자금조달, 매도 후 임대계약(세일 앤 리스백, sale and leaseback), 거래와 관련된 자가 부여한 특수

한 보상이나 이권 또는 특정 소유자나 매수인에게만 가능한 *가치* 요소와 같은 특수 조건이나 상황으로 인해 부풀려지거나 축소된 추정가격을 배제한다.

(b) "교환하는 *자산*이나 부채"는 미리 결정된 가액이나 실제 거래가액이 아닌 *자산*이나 부채의 *가치*가 추정금액이라는 사실을 말한다. 이는 감정평가 기준시점에 *시장가치* 정의의 모든 요소를 충족하는 거래에서의 *가격*이다.

(c) "기준시점"은 해당 *가치*가 주어진 일자에 특정한 것이기를 요구한다. 시장과 시장 상황은 변할 수 있으므로, 그 특정 시점의 추정*가치*는 다른 시점에서는 부정확하거나 부적절할 수 있다. 감정평가 가액은 다른 어떤 날이 아닌 감정평가 기준시점에서의 시장 상태와 상황을 반영한다.

(d) "자발적인 매수인"은 구매 동기는 있으나 구매를 강요당하지 않은 자이다. 이 매수인은 어떠한 *가격*이든 구매를 결정할 지나친 매수의사를 가지고 있지도 않다. 매수인은 또한 실증할 수 없거나 존재할 것으로 예상할 수 없는 상상이나 가상시장과 관련된 것이 아니라 현재 시장의 현실과 현재 시장 기대에 따라 구매하는 자이다. 이 가정된 매수인은 시장 요구보다 높은 *가격*을 지불하지 않을 것이다. 현재의 소유자는 그 "시장"을 구성하는 자에 포함된다.

(e) "자발적인 매도인"은 어떠한 *가격*이라도 매각할 준비가 된 지나친 매도의사를 가진 자를 의미하는 것이 아니며, 현재 시장에서 합리적이라고 간주되지 않는 *가격*을 유지하려는 자도 아니다. 자발적 매도인은 *가격이 어떻든*(may) 적절한 방매 후 공개된 시장에서 가능한 최선의 *가격*으로 시장 조건에 따라 *자산*을 매각하게 된다. 자발적 매도인은 가상의 소유주이므로, 실 소유자의 실제 상황은 고려대상이 아니다.

(f) "사정이 개입되지 않은 정상적인 거래"는 가격수준이 시장의 특징을 벗어나거나 과장될 수 있는 모회사와 자회사 또는 임대인과 임차인의 관계와 같이 특정한 또는 특수한 관계에 있는 자가 아닌 당사자 사이의 거래이다. *시장가치* 거래는 각자 독립적으로 행동하는 특수관계 없는 당사자를 가정한다.

(g) "적절한 마케팅 후"는 *시장가치*의 정의에 따라 합리적으로 얻을 수 있는 최선의 *가격*으로 처분할 수 있는 적절한 방식에 의해 *자산*이 시장에 공개되었다는 것을 말한다. 이 때 매각 방식은 매도인이 접근할 수 있는 시장에서 최선의 *가격*을 얻기 위해 가장 적절할 것을 가정한다. 또한 공개된 시간은 고정된 것이 아니라 자산 유형과 시장 상황에 따라 다르다. 다만, *반드시* 적절한 수의 시장 *참가자*가 *자산*에 주의를 기울일 수 있을 정도로 충분한 시간*이어야* 한다. 공개 기간은 감정평가 기준시점 이전이다.

(h) "물건에 대해 잘 아는 신중하고"는 자발적인 매도인과 자발적인 매수인이 *자산*의 특성과 특징, 실제 용도와 잠재적 용도 및 감정평가 기준시점에서의 시장 상황에 대해 합리적으로 알고 있다고 가정한다. 또한 양 당사자는 그 지식을 신중히 활용하여, 각자의 거래상 위치에서 가장 유리한 *가격*을 찾을 것으로 가정한다. 신중함은 후일 사후 판단의 이익이 아니라 감정평가 기준시점에서의 시장상황에 따라 판단된다. 예를 들어, 하락 시장에서 매도인이 이전 시장 수준보다 낮은 *가격*에 *자산*을 매각하는 것이 반드시 경솔한 것은 아니다. 마찬가지로, 가

격이 변동하는 시장에서의 다른 교환이 그렇듯, 신중한 매수인이나 매도인은 당시 가능한 최선의 시장 정보에 따라 행동할 것이다.

(i) "강박 없는"이란 각 당사자가 거래할 동기를 가지고 있으나 그 거래를 완료하도록 강요당하거나 부당하게 억압당하지 않음을 의미한다.

30.3. *시장가치*의 개념은 *참가자*들이 자유롭게 행동하는 공개 경쟁 시장에서 협상된 *가격*을 가정한다. 이 때의 *자산* 시장은 국제 시장일수도 있고 국내 시장일 수도 있다. 시장은 여러 매수인과 매도인으로 구성되거나 제한된 수의 시장 *참가자* 만을 가진 시장일 수 있다. *자산*이 매각을 위해 공개된 것으로 가정된 시장은 개념상 교환되는 *자산*이 정상적으로 교환되는 시장이다.

30.4. *자산*의 *시장가치*는 그 최유효이용을 반영한 것이다(140.1 - 140.5 참고). 최유효이용은 *자산*의 잠재성을 최대화하면서 가능하며 법적으로 허용되고 경제적으로 타당성 있는 *자산*의 용도이다. 최유효이용은 *자산*의 현재 이용을 유지하는 것이거나 다른 이용일 수 *있다*. 이는 시장 참가자가 기꺼이 제안할 *가격*을 정할 때 *자산*에 대해 염두에 두는 용도에 의해 결정된다.

30.5. 감정평가 근거 자료의 성격과 출처는 반드시 *기준가치*에 부합*해야* 하며, 또한 감정평가 목적을 반드시 고려*해야* 한다. 예를 들어, 시장에서 수집된 데이터를 활용하여 *가치* 의견에 도달하는데 다양한 접근법과 방법이 사용될 수 *있다*. 정의에 따르면, 시장접근법은 시장에서 수집된 자료를 사용한다. *시장가치* 산출을 위해 수익접근법은 *참가자*가 채택할 자료와 가정을 사용*한다*. 비용접근법으로 *시장가치*를 산출하기 위해서는 동일한 효용의 자산에 대한 *비용*과 적절한 감가수정을 시장에 기반한 비용 및 감가수정 분석에 의해 결정*한다*.

30.6. 반드시 사용 가능한 자료와 평가 대상 *자산*의 시장 관련 상황에 따라 어떤 감정평가 방법이 가장 적절하고 적합한지 결정*해야* 한다. 적절하게 분석된 시장 추출 자료를 기반으로 하는 경우, 사용된 각 접근법이나 방법은 *시장가치*를 제시*하는 것이다*.

30.7. *시장가치*는 시장의 다른 매수인이 이용할 수 없는, 특정 소유자나 특정 매수인에게 *가치* 있는 *자산*의 특성을 반영하는 것이 아니다. 이러한 이점은 *자산*의 물리적, 지리적, 경제적 또는 법적 특성과 관련된 것일 수 *있다*. 어떤 주어진 시점에 특정의 자발적 매수인이 아닌 통상의 자발적인 매수인을 가정하기 때문에, *시장가치*에서는 *가치*의 이러한 요소를 고려하지 않아야 한다.

## 40. IVS 정의 기준가치 – 시장임대료

40.1. 시장임대료는 물건에 대해 잘 아는 신중하고 강박 없는 상태의 자발적인 임대인과 자발적인 임차인이 적절한 마케팅 후 사정이 개입되지 않은 정상적인 거래로 적절한 임대조건에 의해 감정평가 기준시점에 임대하는 부동산 권리에 대한 추정가액이다.

40.2. 시장임대료는 임대차나 임대차 계약에 의한 권리를 감정평가 할 때 *기준가치*로 사용될 수 있다. 이 경우 계약임대료를 고려하고, 계약임대료가 시장임대료와 상이한 경우 시장임대료를 고려해야 한다.

40.3. 상기의 *시장가치* 정의를 뒷받침하는 개념 체계가 시장임대료 해석에 적용될 수 있다. 특히, 추정가액은 특수한 조건, 고려사항, 양해사항으로 인해 부풀려지거나 축소된 임대료는 배제한다. "적절한 임대조건"은 기준시점에 시장 *참가자*가 해당 유형 부동산에 대해 시장에서 통상적으로 합의하는 조건이다. 산출된 시장임대료는 가정된 주요 임대차 조건과 함께인 경우만 제시*한다*.

40.4. 계약임대료는 실제 임대조건에 따라 지불하는 임대료이다. 이는 임대 기간동안 고정될 수도 있고 변동될 수도 있다. 임대료 변동을 산출하는 빈도와 기준은 임대차계약에서 정해지며, 임대인에게 발생되는 총 이익과 임차인의 책임을 설정하기 위해 *반드시* 이를 확인하고 파악*해야 한다*.

40.5. 경우에 따라서는 시장임대료를 기존 임대조건(예, 기존 임대차 계약이 존재하여 개념상 임대 계약의 일부라고 가정하지 않는 임대료 결정이 *목적*인 경우)을 기준으로 판단해야 할 수 있다.

40.6. 시장임대료 산정 시, *감정평가사*는 반드시 다음을 고려*해야* 한다.

(a) 임대차 계약에서의 시장임대료는 해당 계약의 임대조건이 불법적이거나 상위법령에 위배되지 않는 한, 그 임대차 조건을 적절한 것으로 본다.

(b) 임대차 계약 대상이 아닌 시장임대료의 경우, 기준시점에서 시장 *참가자*들이 해당 유형 부동산 시장에서 일반적으로 합의하는 개념상 임대차 계약의 조건을 가정한다.

## 50. IVS 정의 기준가치 – 균형가치

50.1. *균형가치*는 물건에 대해 잘 알고 자발적인 의사가 있는 확인된 당사자가 각자의 이익을 반영하여 *자산*이나 부채 이전을 위해 추정한 가격이다.

50.2. *균형가치*는 거래에서 얻게 될 각 장점과 단점을 고려한 두 특정 당사자 사이의 공정한 *가격* 평가를 요구한다. 반면, *시장가치*는 시장 *참가자*들이 일반적으로 이용할 수 없거나 야기할 수 없는 장점과 단점은 고려하지 않을 것을 요구한다.

50.3. *균형가치*는 *시장가치* 보다 넓은 개념이다. 대체로 양 당사자 사이에서의 공정한 *가격*은 시장에서 얻을 수 있는 가격과 동일하지만, 권리의 결합으로 인해 발생하는 *시너지 가치*의 특정 요소와 같이 *시장가치* 평가에서 고려하지 않는 문제를 *균형가치*

에서 고려하는 경우가 있다.

50.4. *균형가치*를 사용하는 사례는 다음과 같다.

(a) 비상장 기업 주식의 균형 *가격* 결정, 특정 양 당사자의 지분이 그 당사자 사이에서는 균형 있는 *가격*일 수 *있지만* 시장에서 얻을 수 있는 *가격*과 다른 경우

(b) 리스 *자산*의 영구 이전이나 리스 부채의 해지에 대한 리스제공자와 리스이용자 사이에서의 균형된 *가격*의 결정

### 60. IVS 정의 기준가치 - 투자가치/투자효용

60.1. *투자가치*는 개별적인 투자나 운용 목적에 따라 특정 소유자 또는 예정 소유자가 갖는 *자산*의 *가치*이다.

60.2. *투자가치*는 기업 고유의 *기준가치*이다. 소유자에게 *자산*의 *가치*는 타인에게 자산을 매각하여 실현할 수 있는 금액과 동일할 수 *있지만*, 이 *기준가치*는 *자산*을 보유함으로써 기업이 받는 이익을 반영하므로 교환을 가정하지 않는다. *투자가치*는 *감정평가*가 수행되는 기업의 상황과 재무적 목표를 반영한다. 흔히 투자 성과를 측정하는데 사용된다.

### 70. IVS 정의 기준가치 - 시너지 가치

70.1. *시너지 가치*는 둘 혹은 그 이상의 *자산*이나 소유권을 결합한 결과 각 자산 *가치*의 총합보다 큰 *가치*를 말한다. 특정 매수인에게만 가능한 시너지라면, 그 매수인에게만 가치 있는 어떤 *자산*의 특성을 반영하는 것이므로, 이 때의 *시너지 가치*는 *시장가치*와 다를 것이다. 각 개별 소유권의 총합을 초과하는 부가가치를 흔히 결합가치라고도 한다.

### 80. IVS 정의 기준가치 - 청산가치

80.1. *청산가치*는 *자산* 또는 일단의 *자산*이 해체 후 매각되어 실현되는 가액이다. *청산가치*는 *자산*을 매각 가능한 상태로 만드는 *비용*과 처분에 소요되는 *비용*을 모두 고려한다. *청산가치*는 두 가지 다른 *가치* 전제에 따라 결정될 수 있다.

(a) 일반적인 마케팅 기간을 거친 정상적인 거래(160 참고)

(b) 마케팅 기간이 단축된 강제 거래(170 참고)

80.2. *감정평가사*는 반드시 가정된 *가치*의 전제를 명시*해야* 한다.

### 90. 기타 기준가치- 공정가치(국제회계기준, IFRS)

90.1. IFRS 13은 *공정가치*를 측정일에 시장 *참가자* 사이의 정상거래에서 *자산*을 매도할 때 받거나 부채를 이전할 때 지급하게 될 *가격*으로 정의한다.

90.2. 130여개 이상의 국가에서 재무보고 *목적*에 국제회계기준위원회가 발행하는 국제회계기준의 사용을 요구하거나 허용하고 있다. 또한, 미국의 재무회계기준위원회는 Topic 820에서 동일한 *공정가치*의 정의를 사용한다.

### 100. 기타 기준가치 – 공정시장가치(경제개발협력기구, OECD)

100.1. OECD는 *공정시장가치*를 공개된 시장의 거래에서 자발적인 매수인이 자발적인 매도인에게 지불하는 *가격*으로 정의한다.

100.2. OECD 지침은 국제 과세 *목적*으로 여러 계약에서 사용된다.

### 110. 기타 기준가치 – 공정시장가치(미국 국세청)

110.1. 미국의 과세 *목적* 규정 제20.2031-1조에서는 "공정시장가치는 관련 사실에 대해 합리적인 지식을 가진 양 당사자인 자발적인 매수인과 자발적인 매도인 사이에서 매수 또는 매도에 대한 강박 없이 거래되는 자산의 가격"으로 명시하고 있다.

### 120. 기타 기준가치 – 공정가치(각 관할권의 법령상)

120.1. 여러 국가, 주 및 지방 기관은 *공정가치*를 법률적 규정 상 *기준가치*로 사용한다. 그 정의는 *상당히* 다양할 수 있으며 입법 조치의 결과이거나 기존 판례로 제정된 것일 수 있다.

120.2. 미국과 캐나다의 *공정가치*에 대한 정의의 예는 다음과 같다.

(a) 모범기업법(MBCA: Model Business Corporation Act)은 미국 변호사협회 기업법 부문의 기업법위원회가 마련한 일련의 모범 법률로서 미국의 24개주가 이를 따르고 있다. MBCA의 *공정가치* 정의는 다음에 의해 결정된 기업 주식의 *가치*이다.

(1) 주주가 반대하는 기업 행위의 실행 직전에 결정

(2) 감정평가가 필요한 거래에서 유사한 기업에 일반적으로 적용되는 관례적인 현재의 감정평가 개념과 기법을 사용하여 결정

(3) 13.02(a)(5)에 따른 조항의 수정이 적절한 경우를 제외하고 시장성 결여나 소수자 지위에 대한 할인 없이 결정

(b) 1986년 캐나다 브리티시 컬럼비아 대법원은 *매닝 대 해리스 스틸 그룹(Manning v Harris Steel Group Inc.)* 사건에서 다음과 같이 판결했다. "따라서, '공정한' 가치는 공정하고 공평한 것이다. 이 용어는 그 안에 정의와 형평의 요건에 부합하는 적절한 보상(배상)의 개념을 담고 있다."

### 130. 가치의 전제/이용에 대한 가정

130.1. 가치의 전제나 이용에 대한 가정은 *자산*이나 부채가 사용되는 상황을 설명한다. 다른 *기준가치*는 가치의 특정한 전제를 요구*하거나(may)* 가치의 여러 전제에 대한

고려를 허용한다. 가치의 몇 가지 일반적인 전제는 다음과 같다.

(a) 최유효이용

(b) 현재 용도/기존 용도

(c) 정상적인 절차에 의한 청산

(d) 강제 매각

### 140. 가치의 전제 – 최유효이용

140.1. 최유효이용은 *참가자*의 관점에서 *자산*의 최고 *가치*를 끌어내는 용도이다. 많은 금융 *자산*이 대체 용도를 가지고 있지 않아 주로 비금융*자산*에 적용되는 개념이지만, 금융*자산*의 최유효이용이 고려되어야 하는 상황이 있을 수 *있다.*

140.2. 최유효이용은 *반드시* 물리적으로 가능하며(해당되는 경우), 경제적으로 타당하고, 법적으로 허용되어 최고의 *가치*로 귀결되*어야 한다*. 최유효이용이 현재의 용도와 다른 경우, *자산*을 최유효용도로 전환하는 *비용*은 *가치*에 영향을 미칠 수 있다.

140.3. *자산*을 최적으로 사용한다면, 그 최유효이용이 현재의 이용이거나 기존의 이용일 수 *있다*. 그러나, 최유효이용은 현재의 이용과 다르거나 정상적인 절차에 의한 청산이 될 수도 *있다.*

140.4. 개별기준으로 감정평가 된 *자산*의 최유효이용은 전체 *가치*에 대한 그 기여도를 고려*해야 하는* 일단의 *자산*의 부분일 때의 최유효이용과 다를 수 *있다.*

140.5. 최유효이용을 판단할 때는 다음을 고려한다.

(a) 물리적으로 가능한 사용인지 판단을 위해 *참가자*가 합리적으로 고려할 수 있는 사항을 확인해야 한다.

(b) 법적으로 허용되는 요건을 반영하기 위해, *자산*의 용도에 대한 용도지역, 도시계획과 같은 법적 제한과 이러한 제한이 변경될 가능성을 고려해야 한다.

(c) 경제적 타당성을 확인하기 위해, 물리적으로 가능하고 법적으로 허용되는 다른 대안이 그 용도로의 전환*비용*을 고려한 후에도 기존 용도에서 얻을 수 있는 수익을 상회하는 충분한 수익을 *참가자*에게 주는지 확인해야 한다.

### 150. 가치의 전제 – 현재 용도/기존 용도

150.1. 현재 용도/기존 용도는 *자산*, 부채, 일단의 *자산*이나 일단의 부채가 이용되고 있는 현재의 방법이다. 반드시 그런 것은 아니나, 현재의 이용이 최유효이용일 수 *있다.*

### 160. 가치의 전제 – 정상적인 절차에 의한 청산

160.1. 정상적인 절차에 의한 청산은 매수인을 찾을 합리적인 기간이 주어지고, 매도인은 있는 그대로의 상태로 처분할 것이 강제되는 청산 처분에서 실현될 수 있는 일단의

*자산*의 *가치*를 말한다.

160.2. 매수인을 찾을 합리적인 기간은 *자산* 유형과 시장 상황에 따라 다를 수 *있다*.

## 170. 가치의 전제 – 강제 매각

170.1. "강제 매각"이라는 용어는 흔히 매도인이 매각해야 하는 강제 상황에 있음으로써, 그 결과 적절한 마케팅 기간이 불가능하고 매수인이 적절한 실사를 수행할 수 없는 상황에서 흔히 사용된다. 이러한 상황에서 얻을 수 있는 *가격*은 매도인에 대한 강박의 성격과 적절한 마케팅이 불가능한 이유에 따라 달라진다. 또한 이는 매도인이 가능한 기간 내에 매각에 실패한 결과를 반영한 것일 수 *있다*. 매도인에 대한 제약 조건의 성격과 이유를 알 수 없는 한, 강제 매각에서 얻을 수 있는 *가격*은 현실적으로 추정할 수 없다. 강제 매각에서 매도인이 수용할 *가격*은 *시장가치* 정의에서 가상의 자발적 매도인의 상황이 아닌 특정 상황을 반영할 것이다. "강제 매각"은 별개의 *기준가치*가 아니라 교환이 이루어지는 상황을 뜻한다.

170.2. 강제 매각 상황에서 얻을 수 있는 *가격*을 산출해야 하는 경우, 적절한 가정을 설정하여 특정 기간 내에 매각하지 못한 결과를 포함하여 매도인에 대한 제약 사유를 명확히 밝혀야 한다. 감정평가 기준시점에 이러한 상황이 존재하지 않는다면, 이를 *반드시* 특별한 가정으로 명확히 명시*해야* 한다.

170.3. 강제 매각은 일반적으로 다음의 모든 조건하에서 특정 자산이 가져올 가장 가능성이 높은 가격을 반영한다.

(a) 단기간 내에 매각이 완료된다.

(b) *자산*은 감정평가 기준시점 혹은 거래가 완료되는 가정일 당시 만연한 시장 상황의 영향을 받는다.

(c) 매도인과 매수인은 모두 신중하며 물건에 대해 잘 알고 행동한다.

(d) 매도인은 매각이 강요되는 상황에 있다.

(e) 매수인은 통상적인 동기가 있다.

(f) 양 당사자는 모두 최선의 이익이라고 생각하는 행동을 한다.

(g) 공개 기간이 짧아 정상적인 마케팅이 어렵다.

(h) 지불은 현금으로 이루어질 것이다.

170.4. 단순히 상황이 개선되면 매도인이 더 나은 가격을 바랄 수 있다는 이유로 비활성 또는 하락 시장에서의 매각이 자동으로 "강제 매각"이 되는 것은 아니다. 적절한 마케팅이 어려운 기한 내에 강제로 매각해야 하는 것이 아니라면, 매도인은 *시장가치* 정의에 따른 자발적 매도인이 될 것이다(30.1 - 30.7 참고).

170.5. "강제 매각"에 의한 거래로 확인되면 *시장가치 기준 감정평가*에서 제외되지만, 시

장에서의 정상 거래가 강제 매각이었는지 확인하는 것은 어려울 수 있다.

**180. 기업 특정 요인**

180.1. 대부분의 *기준가치*에서, 특정 매수인이나 매도인에 한정되고 일반적인 *참가자*들이 사용할 수 없는 요인들은 시장 기준 감정평가의 가격 자료에서 일반적으로 제외한다. *참가자*들에게 제공되지 않을 수 있는 기업 특정 요인의 예는 다음과 같다.

(a) 유사 *자산*의 포트폴리오 생성에서 파생된 *가치* 상승 또는 *가치* 하락

(b) 해당 *자산*과 기업이 보유한 기타 다른 *자산*과의 고유한 시너지 효과

(c) 기업에만 적용되는 법적 권리 또는 제한 사항

(d) 기업 고유의 세금 혜택 또는 세금 부담

(e) 해당 기업 고유의 *자산* 활용 능력

180.2. 그러한 요인들이 해당 기업에 특정된 것인지 아니면 시장의 다른 사람들이 일반적으로 이용할 수 있는 것인지는 사례별로 결정된다. 예를 들어, 어떤 *자산*은 일반적으로 개별 자산이 아닌 일단의 자산 일부로 거래될 수 *있다*. 따라서 이 경우 일단이 이전되는 것과 함께 *참가자*에게 이전되는 관련 *자산*의 시너지는 기업 특정 요인이 아니다.

180.3. *감정평가*에 사용된 *기준가치*의 목적이 특정 소유자(60.1와 60.2의 *투자가치/투자효용*과 같이)에 대한 *가치*라면, 기업 특정 요인은 *자산*의 *감정평가*에 반영된다. 특정 소유자에 대한 *가치*가 필요할 수 있는 상황은 다음 사례를 포함한다.

(a) 투자 결정 지원

(b) *자산* 성과 검토

**190. 시너지**

190.1. "시너지"는 *자산*의 결합과 관련된 이익을 말한다. 시너지 효과가 있는 경우, 일단의 *자산* 및 부채의 *가치*는 각각의 *자산*과 부채의 개별적 *가치*의 합보다 크다. 시너지 효과는 일반적으로 *비용* 절감, 수익 증가 또는 위험 감소와 관련이 있다.

190.2. *감정평가*에서 시너지의 고려 여부는 *기준가치*에 따라 판단한다. 대부분 *기준가치*는 일반적으로 다른 *참가자*들에게도 유효한 시너지만 고려한다(180.1 - 180.3, 기업 특정 요인 참조).

190.3. 시너지가 다른 *참가자*들에게 유효한가에 대한 판단은 시너지가 발생하는 특정한 방법이 아니라 시너지의 가액을 기반으로 할 수 *있다*.

## 200. 일반적 가정과 특수한 가정

200.1. *기준가치*를 명시하는 것 외에도, 가상 교환에서의 *자산* 상태나 혹은 *자산*이 교환될 것으로 가정되는 상황을 명확히 하기 위해 하나의 가정 또는 여러 가정을 해야 할 경우가 있다. 이러한 가정은 *가치*에 *상당한* 영향을 미칠 수 있다.

200.2. 이러한 가정의 유형은 일반적으로 다음 두 분류 중 하나로 구분된다.

(a) 감정평가 기준시점에 존재하는 사실에 부합되거나 부합될 수 있는 가정

(b) 감정평가 기준시점에 존재하는 사실과 다른 가정

200.3. 감정평가 기준시점에 존재하는 사실에 부합되거나 부합될 수 있는 가정과 관련된 가정은 *감정평가사*가 수행하는 조사와 탐문 범위에 대한 제한의 결과일 수 있다. 이러한 가정의 예는 다음과 같다.

(a) 사업이 완전 운영체로 이전된다는 가정

(b) 사업용 *자산*이 사업과 별개로, 개별 자산으로, 또는 일단의 자산으로 이전된다는 가정

(c) 개별적으로 감정평가 된 *자산*이 다른 보완*자산*과 함께 이전된다는 가정

(d) 공유 지분이 일괄로 또는 개별적으로 이전된다는 가정

200.4. 가정된 사실이 감정평가 기준시점 당시 존재하는 사실과 다른 경우, 이를 "특별한 가정"이라고 한다. 특별한 가정은 흔히 *자산*의 *가치*가 변경될 가능성이 있는 결과를 설명하기 위해 사용된다. "특별"이라고 칭함으로써, 감정평가 결론이 현재 상황의 변경에 달려 있거나 또는 *참가자*들이 일반적으로 취하지 않을 견해를 반영한다는 것을 감정평가 사용자에게 강조한다. 이러한 가정의 예는 다음과 같다.

(a) 점유자가 없는 공실 상태인 완전 소유권의 부동산이라는 가정

(b) 감정평가 기준시점에 예정된 건물이 실제로 완공되었다는 가정

(c) 감정평가 기준시점에 실제로 완결되지 않은 특정계약이 존재했다는 가정

(d) *참가자*들이 사용하는 것과 다른 수익률 곡선을 사용하여 감정평가 하는 금융상품에 대한 가정

200.5. 모든 일반적 가정과 특별한 가정은 *반드시* 그 상황에서 합리적이어야 하고, 증거가 뒷받침되어야 하며, *감정평가 목적*에 부합*해야* 한다.

## 210. 거래 비용

210.1. 대부분의 *기준가치*는 매도자의 매도 *비용*이나 매수자의 매수 *비용* 및 매도자나 매수자가 거래와 관련하여 직접 부담해야 하는 세금을 고려하지 않고 *자산*의 추정 교환 가격을 나타낸다.

## 220. 가치의 배분

220.1 가치의 배분은 *자산 가치*를 개별 자산 또는 구성 요소별로 별도로 할당하는 것이다.

220.2 *가치*를 배분할 때, 그 방법은 반드시 감정평가의 *전제* 및 *근거*에 부합*해야* 하고, *감정평가사*는 반드시 다음을 준수*해야* 한다.

(a) 해당되는 모든 법적 또는 규정적 요건을 준수한다.

(b) 가치 배분에 대한 목적과 용도에 대해 분명하고 정확히 설명한다.

(c) 배분되는 항목 관련 특성과 같은 사실과 상황을 고려한다.

(d) 그 상황에 적합한 방법을 선택한다.

# IVS 105 감정평가 접근법과 감정평가방법

| 목차 | |
|---|---|
| 개요 | 10 |
| 시장접근법 | 20 |
| 시장접근법에 의한 감정평가방법 | 30 |
| 수익접근법 | 40 |
| 수익접근법에 의한 감정평가방법 | 50 |
| 비용접근법 | 60 |
| 비용접근법에 의한 감정평가방법 | 70 |
| 감가수정/노후화 | 80 |
| 감정평가 모델 | 90 |

## 10. 개요

10.1. *반드시* 적절하고 적합한 감정평가 접근법을 고려*해야* 한다. *기준가치*에 따라 *가치*를 산출하기 위해 하나 이상의 감정평가 *접근법*이 사용될 수 *있다*. 아래에 설명 및 정의된 세 가지 접근법은 *감정평가*에서 사용되는 주요 접근법이다. 이는 가격 균형, 기대 이익 또는 대체라는 경제 원리에 기반한 것이다.

그 주요 감정평가 접근법은 다음과 같다.

(a) 시장접근법

(b) 수익접근법

(c) 비용접근법

10.2. 각 감정평가 접근법에는 서로 다른 구체적인 감정평가 방법이 있다.

10.3. *자산*에 대한 감정평가 접근법과 감정평가방법을 채택하는 것은 특정 상황에서 가장 적합한 방법을 찾는 것이다. 모든 가능한 상황에 적합한 감정평가 방법은 없다. 감정평가 접근법과 감정평가방법의 선정은 최소한 다음을 고려*한다*.

(a) 해당 감정평가 업무의 조건과 목적 에 따라 결정된 적절한 *기준가치*와 가치의 전제

(b) 가능한 감정평가 접근법과 감정평가방법 각각의 장단점

(c) *자산*의 특성과 관련한 각 감정평가 방법의 적합성과 관련 시장 *참가자*들이 사용하는 감정평가 접근법과 감정평가방법

(d) 각 방법 적용에 필요한 신뢰할 수 있는 정보의 가용성

10.4. *감정평가사*가 해당 업무에 대한 정보와 상황에 비추어 단일 감정평가 방법 적용의 정확성과 신뢰성에 대해 매우 자신하는 경우, 자산의 감정평가에 하나 이상의 *감정평가* 방법을 사용해야 하는 것은 아니다. 그러나 *감정평가사*는 여러 감정평가 접근법과 감정평가방법을 고려해야 *하고*, 특히 신뢰할 수 있는 결론을 도출하기 위해 단

일 감정평가 방법을 적용하기에는 정보나 식별 가능한 자료가 불충분할 때는 *가치산출*을 위해 하나 이상의 감정평가 접근법이나 감정평가방법을 고려*하여* 적용할 수 있*다*. 하나 이상의 감정평가 접근법과 감정평가방법을 적용하거나 단일 감정평가 접근법 중 여러 감정평가 방법을 적용한 경우, 적용된 감정평가 접근법과 감정평가방법에 기반한 *가치* 결론은 합리적이어야 *하며*, *감정평가사*는 단순 평균이 아닌 단일 결론 도출을 위한 *시산가치* 분석과 조정 과정을 감정평가보고서에 기술*한다*.

10.5. 이 기준이 비용접근법, 시장접근법, 수익접근법 상의 특정 방법에 대한 해설을 담고 있으나, 사용할 수 있는 모든 가능한 포괄적인 목록을 제시하는 것은 아니다. 해당 감정평가 업무에 부합하는 감정평가 방법을 선정하는 것은 *감정평가사*의 책임이다. 국제감정평가기준을 준수하기 위해 *감정평가사*는 본 기준에서 정의하지 않았거나 언급되지 않은 감정평가 방법을 적용해야 할 수 있*다*.

10.6. 서로 다른 감정평가 접근법이나 감정평가방법을 적용한 결과 *시산가치*의 격차가 큰 경우, *감정평가사*는 *시산가치*의 격차 사유를 검토하는 과정을 수행*한다*. 둘 이상의 서로 다른 *시산가치*에 단순한 *가중치*를 두는 것은 일반적으로 적절하지 않기 때문이다. 이런 경우, *감정평가사*는 감정평가 접근법이나 감정평가방법 중 하나가 더 나은 혹은 더 신뢰할 수 있는 시산*가치*를 나타내고 있는지를 판단하기 위해 10.3의 지침을 재검토*한다*.

10.7. *감정평가사*는 세 가지 모든 감정평가 접근법에서 포착 가능한 관련 시장 정보의 사용을 최대화*한다*. *감정평가*에 사용된 가격 자료와 가정의 출처와 관계없이, *감정평가사*는 해당 자료와 가정 및 그 자료와 가정의 감정평가 목적에의 부합성을 검토하는 적절한 분석을 *반드시* 실시*해야* 한다.

10.8. 모든 상황에 적용할 수 있는 감정평가 접근법이나 감정평가방법은 없지만, 활성 시장의 가격정보는 일반적으로 *가치*의 가장 확실한 증거로 간주된다. 일부 *기준가치*는 *감정평가사*가 활성 시장의 가격정보를 임의로 조정하는 것을 금지할 수 *있다*. 비활성시장의 가격정보 역시 *가치*의 좋은 정보일 수 *있지만*, 주관적인 조정이 필요할 수 *있다*.

10.9. 특정 상황에서 *감정평가사*와 *의뢰인*은 *감정평가사*가 적용할 감정평가 접근법, 감정평가방법 및 절차 또는 *감정평가사*가 수행할 방법의 범위에 대해 합의할 수 *있다*. *감정평가사*와 수행된 방법에 대한 제한에 따라, *감정평가*에서의 이러한 조건이 국제감정평가기준을 준수하지 않은 결과를 초래할 수 *있다*.

10.10. 합리적이고 정보를 갖춘 제3자가 수행하는 감정평가 접근법, 감정평가방법 및 절차를 *감정평가사*가 적용할 수 없는 경우, *감정평가*는 제한되거나 금지될 수 *있으며*, 그 추정 *가치*에 대한 제한이나 금지의 효과가 *중요할* 수 있다고 예상하는 것이 타당하다.

## 20. 시장접근법

20.1. 시장접근법은 가격 정보를 이용할 수 있는 동일하거나 비교 가능한(즉, 유사한) *자산*과 해당 *자산*을 비교하여 *시산가치*를 제시한다.

20.2. 시장접근법은 다음의 상황에서 적용하며, *상당한 가중치*를 둔다.

(a) 대상 *자산*이 *기준가치*에 부합한 적절한 거래를 통해 최근 매도된 경우

(b) 대상 *자산*이나 실질적으로 유사한 *자산*이 활발히 공개적으로 거래되는 경우

(c) 실질적으로 유사한 *자산*의 빈번한 혹은 최근의 포착 가능한 거래가 있는 경우

20.3. 상기의 상황은 시장접근법을 적용하고 *상당한 가중치*를 두는 경우를 나타내지만, 다음은 이러한 기준을 충족하지 않더라도 시장접근법을 적용하고 *상당한 가중치*를 둘 수 있는 추가적인 상황들이다. 다음의 상황에서 시장접근법을 적용하는 경우 *감정평가사*는 시장접근법에 의한 시산*가치*를 검증하기 위해 다른 감정평가 접근법을 적용할 수 있는지, 혹은 *가중치*를 부여할 수 있는지 고려한다.

(a) 시장의 변동성과 활성화 수준을 고려할 때, 대상 *자산* 또는 실질적으로 유사한 *자산*과 관련된 거래가 충분히 최근의 것이 아닌 경우

(b) 대상 *자산*이나 실질적으로 유사한 *자산*이 공개적으로 거래되지만 거래가 활발하지 않은 경우

(c) 시장 거래에 대한 정보를 얻을 수 있지만, 비교 가능한 *자산*은 대상 *자산*과 *상당한* 차이가 있어, 주관적인 조정이 필요할 가능성이 있는 경우

(d) 최근 거래에 대한 정보를 신뢰할 수 없는 경우(예, 소문, 누락된 정보, 시너지 효과를 낼 수 있는 매수인, 비정상거래, 급매 등)

(e) *자산*의 *가치*에 영향을 미치는 중요한 요소가 재생산 *비용*이나 자산의 소득 창출 능력이 아니라 시장에서 생성된 *가격*인 경우

20.4. 여러 *자산*의 다차원적 특성은 동일하거나 유사한 *자산*의 거래에 대한 시장 증거를 찾는 것이 어렵다는 것을 의미한다. 시장접근법이 사용되지 않는 상황에서도 다른 접근법(예, 유효수익률이나 수익률과 같은 시장 기반 감정평가 지표)을 적용할 때 시장에 근거한 자료의 사용을 최대화*한다*.

20.5. 비교가능한 시장 자료가 동일한 *자산*과 정확히 또는 충분히 관련이 없는 경우, *감정평가사*는 비교 가능한 *자산*과 대상 *자산*간의 질적 및 양적 유사성과 차이점에 대한 비교 분석을 *반드시* 실시*해야* 한다. 때때로 이 비교 분석에 기초한 조정을 할 필요가 있다. 이러한 조정은 *반드시* 합리적*이어야* 하고, *감정평가사*는 그 조정의 이유와 수치화한 방법을 *반드시* 문서화*해야* 한다.

20.6. 흔히 시장접근법은 서로 다른 배율을 나타내는 비교가능한 사례에서 얻어진 시장배율을 활용한다. 그 범위 내에서 적절한 배율을 선택하기 위해서는 질적, 양적 요소를 고려한 판단이 필요하다.

## 30. 시장접근법에 의한 감정평가방법

*거래사례비교법*

30.1. 기준거래법이라고도 알려진 거래사례비교법은 대상 *자산*과 동일 또는 유사한 *자산*과 관련된 거래 정보를 활용하여 시산*가치*를 산정한다.

30.2. 참고하는 비교 가능한 거래사례가 대상 *자산*을 포함하는 경우, 이 방법을 선행 거래법이라고도 한다.

30.3. 최근 거래가 거의 없을 때, *감정평가사*는 정보의 관련성이 분명히 확인되고 정확히 분석되어 문서화할 수 있는 경우 매물로 등록된 동일하거나 유사한 *자산*의 방매 *가격*을 참고할 수 *있다*. 방매사례비교법이라고도 하는 이 방법은 시산*가치* 산정에 단독으로 사용해서는 *안 되나*(should), 다른 감정평가방법 사용시 적절한 참고가 될 수 있다. 매수나 매도를 위해 시장에 등록된 방매 사례를 참고하는 경우, 방매가격이나 호가를 참고하기 위해서는 *가격*에 내재된 약정 수준과 시장에 방매된 기간을 고려하여 *가중치를 둔다*(should). 예를 들어, 주어진 가격에 자산을 매수하거나 매도하기 위한 구속력 있는 약정이 있는 방매사례에는 그러한 구속의 약정이 없는 호가보다 *가중치*를 더 둘 수 *있다*.

30.4. 거래사례비교법은 비교의 기초를 형성하는 비교단위 라고도 하는 다양한 비교 증거를 활용할 수 있다. 예를 들어, 부동산 권리에 사용되는 많은 일반적인 비교단위 중 일부는 제곱 피트(또는 제곱 미터) 당 가격, 제곱 피트(또는 제곱 미터) 당 임대료 및 자본환원율을 포함한다. 기업가치 평가에서 사용되는 많은 일반적인 비교단위 중 일부는 EBITDA(법인세, 이자, 감가상각비 차감 전 영업이익: Earnings Before Interest, Tax, Depreciation and Amortisation) 배율, 이익배율, 매출액 배율, 장부가치 배율을 포함한다. 금융상품 감정평가에 사용되는 많은 일반적인 비교 단위 중 일부는 수익률과 이자율 차이와 같은 지표를 포함한다. *참가자*들이 사용하는 비교 단위는 *자산* 구분과 산업 및 지역에 따라 다를 수 있다.

30.5. 거래사례비교법 중 하나는 채권 같은 금융상품 일부의 감정평가에 주로 사용되는 매트릭스 가격 결정인데, 이는 특정 증권의 최근 거래가격에만 의존하지 않고, 해당 증권과 다른 기준 증권의 거래가격 및 그 특성(예, 수익률)의 관계에 의해 산정하는 방법이다.

30.6. 거래사례비교법의 주요 절차는 다음과 같다.

(a) 관련시장에서 *참가자*들이 사용하는 비교 단위를 설정한다.

(b) 관련 있는 비교 사례를 확인하고 해당 거래에 대한 주요 감정평가 비교치를 산출한다.

(c) 비교 *자산*과 대상 *자산*의 질적, 양적 유사성과 차이점에 대한 일관된 비교분석을 시행한다.

(d) 필요한 경우 대상 *자산*과 비교 *자산*의 차이를 반영하기 위해 감정평가 비교 기준을 조정한다(30.12(d) 참조).

(e) 대상 *자산*에 조정된 감정평가 비교항목을 적용한다.

(f) 여러 감정평가 비교 기준을 사용한 경우, 시산*가치*를 조정한다.

30.7. *감정평가사*는 다음의 기준 안에서 거래사례를 선정*한다*.

(a) 일반적으로 여러 거래 사례가 단일 거래나 단일 사건보다 바람직하다.

(b) 매우 유사한 *자산*(이상적으로는 동일한)의 거래사례는 거래 가액에 *상당한* 조정이 필요한 자산보다 더 나은 시산*가치*를 나타낸다.

(c) 감정평가 기준시점에 가까운 시기에 거래된 사례는, 특히 불안정한 시장에서, 오래 되거나 시일이 지난 사례보다 기준시점 당시의 시장을 더 잘 나타낸다.

(d) 대부분의 *기준가치*에서 거래사례는 관련 없는 당사자간의 "정상 거래"여야 *한다*.

(e) *감정평가사*가 비교 *자산*에 대해 합리적으로 이해하고 감정평가 비교 기준/비교 가능한 항목을 평가할 수 있도록 거래에 대한 충분한 정보를 사용할 수 있어야 *한다*.

(f) 거래사례에 대한 자료는 확실하고 신뢰할 수 있는 정보여야 *한다*.

(g) 실제 거래사례는 예정 거래보다 더 나은 자료를 제공한다.

30.8. *감정평가사*는 거래사례와 대상 *자산* 간의 실체적 차이를 분석하고 조정한다. 조정의 사유가 될 수 있는 일반적인 차이점의 예는 다음을 포함할 수 있다.

(a) 실체적 특성(연식, 규모, 사양 등)

(b) 대상 *자산*이나 비교 *자산*에 대한 관련 제한

(c) 지리적 위치(*자산*의 위치 또는 *자산*이 거래되거나 사용될 위치) 및 관련 경제와 규제 환경

(d) *자산*의 수익성 또는 수익 창출 능력

(e) 과거 및 기대 성장

(f) 수익률/명목 수익률

(g) 담보물의 유형

(h) 거래사례의 예외적 조건

(i) 비교 *자산*과 대상 *자산*의 시장성 및 통제 특성과 관련된 차이점

(j) 소유권의 특성(예, 법적 소유 형태, 지분 비율).

*유사 상장기업 비교법 (Guideline publicly-traded comparable method)*

30.9. 유사 상장기업 비교법은 시산*가치* 산출을 위해 대상 *자산*과 동일하거나 유사한 상장기업의 사례 자료를 활용한다.

30.10. 이 방법은 거래사례비교법과 유사하다. 그러나 비교 사례가 공개적으로 거래되기 때문에 다음과 같은 몇 가지 차이점이 있다.

(a) 감정평가 기준시점에 감정평가 비교 기준/비교가능한 자료를 이용할 수 있다.

(b) 사례에 대한 자세한 정보를 공개 자료로 쉽게 이용할 수 있다.

(c) 공개 자료에 포함된 정보는 잘 알려진 회계기준에 따라 작성된 것이다.

30.11. 이 방법은 대상 *자산*이 상장 기업의 사례와 충분히 유사하여 의미 있는 비교가 가능한 경우에만 사용*한다*.

30.12. 유사 상장기업 비교법의 주요 절차는 다음과 같다.

(a) 관련 시장 *참가자*들이 사용하는 감정평가 비교 기준/비교가능한 자료를 설정한다.

(b) 관련 있는 유사 상장기업을 확인하고 거래에 대한 중요 감정평가 비교 기준을 산출한다.

(c) 유사 상장기업과 대상 *자산*의 질적, 양적 유사성과 차이점에 대한 일관된 비교 분석을 실시한다.

(d) 대상*자산*과 유사 상장기업의 차이를 반영하기 위해 감정평가 비교 기준에 필요한 조정을 한다.

(e) 대상 *자산*에 조정된 감정평가 비교 기준을 적용한다.

(f) 여러 감정평가 비교 기준을 사용한 경우, 시산*가치*에 *가중치*를 둔다.

30.13. *감정평가사*는 다음의 기준 안에서 유사 상장기업을 선정*한다*.

(a) 여러 유사 상장기업을 참고하는 것이 단일 사례를 사용하는 것보다 바람직하다.

(b) 유사한 상장기업의 자료(예, 유사 시장 분류, 지리적 구역, 수익이나 *자산*의 규모, 성장률, 수익률, 레버리지, 유동성 및 다양성 등)는 *상당한* 조정이 필요한 사

례보다 나은 시산*가치*를 제공한다.

(c) 활발히 거래되는 증권은 거래량이 적은 증권보다 더 의미 있는 증거를 제공한다.

30.14. *감정평가사*는 유사 공개 거래 사례와 대상 *자산* 간의 실체적 차이를 분석하고 조정한다. 조정의 사유가 될 수 있는 일반적인 차이점의 예는 다음을 포함할 수 있다.

(a) 실체적 특성(연식, 규모, 사양 등)

(b) 관련 할인 또는 할증(30.17 참조)

(c) 대상 *자산*이나 비교 *자산*에 대한 관련 제한

(d) 자회사의 지리적 위치 및 관련 경제와 규제 환경

(e) *자산*의 수익성 또는 수익 창출 능력

(f) 과거 및 기대 성장

(g) 비교 사례와 대상 *자산*의 시장성 및 통제 특성과 관련된 차이

(h) 소유권 유형

*시장접근법의 기타 고려사항*

30.15. 다음 단락에서는 시장접근법의 일부를 구성할 수 있는 특별 고려사항의 개략적 내용을 다룬다.

30.16. 일회성 자료 또는 "경험에 의한" 감정평가 기준이 시장접근법으로 간주되기도 한다. 그러나, 매수인과 매도인이 *상당한* 신뢰를 드러내지 않는 한 이러한 방법에 의한 시산*가치*에는 중대한 *가중치*를 두어서는 안 *된다(should)*.

30.17. 시장접근법에서 조정의 근본적인 근거는 대상 *자산*과 유사 거래 또는 유사 기업 증권과의 차이를 조정하는 것이다. 시장접근법에서 가장 일반적으로 이루어지는 조정 중 일부는 할인과 할증으로 알려져 있다.

(a) 시장성 결여 할인(DLOM: Discounts for Lack of Marketability)은 사례가 대상*자산*보다 시장성이 높다고 판단될 때 적용*한다*. 시장성 결여 할인은 다른 동일한 *자산*을 비교할 때, 시장성이 높은 *자산*이 마케팅 기간이 길거나 매각에 제한이 있는 *자산* 보다 높은 *가치*를 가질 것이라는 개념을 반영한다. 예를 들어, 상장된 증권은 거의 즉각적으로 매매할 수 있는 반면, 사기업의 주식은 잠재적 매수인을 찾고 거래를 완료하는 데 *상당한* 양의 시간을 필요로 할 수 *있다*. 많은 *기준가치* 는 대상 *자산*에 내재된 시장성 제약에 대한 고려는 허용하지만, 특정 소유자에게 한정된 시장성 제약에 대한 고려는 금지한다. 시장성 결여 할인은 합

리적인 방법으로 수치화 할 수 *있지*만, 일반적으로 옵션 가격결정 모형, 동일한 회사의 상장 주식과 제한이 있는 주식 *가치* 비교 연구, 또는 기업공개(IPO) 전후의 주식 *가치* 비교 연구를 활용하여 산출된다.

(b) 통제 할증(*시장 참여자 취득 할증(MPAPs): Market Participant Acquisition Premiums* 라고도 한다)과 통제 결여 할인(DLOC: Discounts for Lack of Control)은 통제 실행으로 의사 결정과 변경이 가능한가와 관련하여 비교 사례와 대상 *자산*의 차이를 반영하기 위해 적용한다. 다른 모든 조건이 동일하다면, 참가자 들은 일반적으로 대상 *자산*에 대한 통제권이 없는 것보다 있는 것을 선호할 것이다. 그러나 일반적으로 *참가자*들의 통제 할증이나 통제 결여 할인 지불 의사는 통제력을 행사하는 능력이 대상 *자산*의 소유자가 얻을 수 있는 경제적 편익을 향상시키는지 여부를 결정하는 요인이 된다. 통제 할증과 통제력 결여 할인은 합리적인 방법으로 수치화 할 수 *있지*만, 일반적으로 특정 현금 흐름개선이나 통제와 관련된 위험 감소에 대한 분석, 또는 상장 주식의 지배 지분에 대하여 지불된 관찰 가격과 그러한 거래 발표 이전의 상장 주식 가격을 비교하여 산출한다. 통제 할증이나 통제 결여 할인을 고려하는 상황의 예는 다음과 같다.

  1. 일반적으로 회사 운영과 관련된 의사 결정권이 없는 상장회사의 주식(통제결여). 이런 경우, 통제권이 있는 대상 *자산*의 감정평가를 위해 유사 상장기업 비교법을 적용한다면, 통제 할증이 적절할 수 *있다*.

  2. 기준거래법에서 비교 사례는 통제권의 거래를 반영하는 경우가 많다. 소수지분을 반영하는 대상 *자산*을 감정평가하기 위해 이 방법을 적용한다면, 통제 결여 할인이 적절할 수 *있다*.

(c) 대상 *자산*이 상장 주식의 대량 지분으로서, 그 소유자가 상장 주식 가격에 부정적인 영향을 미치지 않고 공개 시장에서 대량의 주식을 신속히 매도할 수 없는 경우 대량거래 할인을 적용하기도 한다. 대량거래 할인은 합리적인 방법으로 수치화 할 수 *있지*만 참가자가 상장 주식 가격에 부정적인 영향을 미치지 않고 (즉, 해당 주식의 일반적인 일일 거래량보다 상대적으로 적은 부분을 매도하여) 대상 주식을 매도할 수 있는 시간을 고려하는 모델을 일반적으로 사용한다. 특정 *기준가치에서*, 특히 재무보고 목적의 *공정가치*에서 대량거래 할인은 금지된다.

## 40. 수익접근법

40.1. 수익접근법은 미래의 현금 흐름을 하나의 현재 가치로 변환하여 시산*가치*를 제시한다. 수익접근법에서 *자산*의 *가치*는 *자산*이 창출하는 수익, 현금 흐름, 비용 절감의 *가치*를 고려하여 결정한다.

40.2. 수익접근법은 다음의 상황에서 *상당한 가중치*를 두어 적용*한다*.

    (a) *자산*의 수익 창출 능력이 *참가자*의 관점에서 *가치*에 영향을 미치는 중요한 요소인 경우

    (b) 대상 *자산*에 대한 미래 수익의 금액과 시기에 대한 합리적인 예측이 가능하나, 비교 가능한 관련 시장이 거의 없는 경우

40.3. 상기의 상황은 수익접근법을 적용*하고* *상당한 가중치*를 두는 경우를 나타내며, 다음의 상황은 수익접근법을 적용할 수 있고, *상당한 가중치*를 둘 수 있는 추가적인 상황이다. 다음의 상황에서 수익접근법을 적용하는 경우 수익접근법에 따른 시산가치를 검증하기 위해, *감정평가사*는 다른 접근법을 적용할 수 있는지 그리고 *가중치*를 부여할 수 있는지를 검토*한다*.

    (a) 대상 *자산*의 수익 창출 능력이 *참가자*의 관점에서 *가치*에 영향을 주는 여러 요소 중 하나일 뿐인 경우

    (b) 대상 *자산*과 관련된 미래 수익의 금액 및 시기에 대해 *상당한* 불확실성이 있는 경우

    (c) 대상 *자산*과 관련된 정보에 접근하는 것이 제한적인 경우(예를 들어, 소액주주는 과거 재무제표를 볼 수는 *있지만*, 예측이나 예산은 볼 수 없다).

    (d) 대상 *자산*이 아직 수익 창출을 시작하지 않았지만, 그렇게 할 것이 예상되는 경우

40.4. 수익접근법의 근본적인 근거는 투자자는 자신의 투자에 대한 수익을 기대하고, 그 수익은 투자 위험에 대한 인식 수준을 반영*한다*는 데에 있다.

40.5. 일반적으로 투자자는 체계적 위험("시장 위험" 또는 "분산 불가 위험"이라고도 한다)에 대한 보상만 기대할 수 있다.

## 50. 수익접근법에 의한 감정평가방법

50.1. 수익접근법을 구현하는 여러가지 방법이 있으나, 사실상 수익접근법에 따른 감정평가방법은 미래 현금 흐름을 현재 가치로 할인하는 것을 기반으로 한다. 이는 할인현금흐름분석법(DCF: Discounted Cash Flow)의 변형으로 아래의 개념은 모든 수익접근에 의한 감정평가방법에 부분적으로 또는 전반적으로 적용된다.

*할인현금흐름분석법(DCF: Discounted Cash Flow)*

50.2. 할인현금흐름분석법은 예상 현금 흐름을 감정평가 기준시점으로 할인하여 *자산*의 현재 가치를 산출한다.

50.3. *자산*의 내용연수가 길거나 무기한인 경우, 할인현금흐름분석법에 명시적 예측 기간 종료일의 *자산 가치*인 기간 말 가치를 포함할 수 *있다*. 다른 경우에는 명확한 예측 기간 없이 기간 말 가치만을 활용하여 *자산*의 *가치*를 산출할 수 *있다*. 이를 수익환원법이라고도 한다.

50.4. 할인현금흐름분석법의 주요 절차는 다음과 같다.

(a) 대상 *자산*의 특성과 업무에 가장 적절한 유형의 현금흐름을 선정한다(예, 세전 또는 세후, 총 현금 흐름 또는 자본현금흐름, 실질 또는 명목 등).

(b) 만약 있다면, 현금 흐름을 예측할 가장 적절한 명시적 기간을 결정한다.

(c) 해당 기간에 대한 현금 흐름을 예측한다.

(d) 만약 있다면, 기간 말 가치가 명시적인 예측 기간 종료일에 대상 *자산*에 적절한지를 결정하고, *자산*의 특성에 따른 적절한 기간 말 가치를 결정한다.

(e) 적절한 *할인율*을 결정한다.

(f) 만약 있다면, 기간 말 가치를 포함하여 예측한 미래 현금흐름에 결정된 할인율을 적용한다.

*현금 흐름의 유형*

50.5. *자산*이나 업무의 특성에 따라 적절한 현금 흐름의 유형을 선정할 때, *감정평가사*는 다음의 요소를 *반드시* 고려*해야* 한다. 또한 *할인율*과 그 외 입력 자료는 선정된 현금 흐름 유형과 *반드시* 일관성이 있*어야* 한다.

(a) 전체 *자산* 또는 일부 지분에 대한 현금 흐름: 일반적으로 전체 *자산*에 대한 현금 흐름을 사용한다. 그러나, 경우에 따라 자본현금흐름(부채에 대한 원리금 지급 후) 또는 배당에 대한 현금흐름(지분권자에 배당되는 현금흐름만 해당)과 같이 다른 수준의 소득도 사용할 수 있*다*. 자금이 어떻게 조달되는지, 수익이 배당으로 지급되는지 혹은 재투자 되는지와 상관없이 *자산*은 이론적으로 하나의 *가치*를 가져야 하기(should) 때문에 전체 *자산*에 대한 현금흐름이 가장 일반적으로 사용된다.

(b) 세전 현금흐름 또는 세후 현금흐름: 적용한 세율은 *기준가치*에 부합해야 *하며*, 많은 경우 소유자에 특정된 세율이 아니라 *참가자*가 부담하는 세율이다.

(c) 명목 대 실질: 실질 현금흐름은 물가상승을 고려하지 않는 반면 명목 현금흐름은 관련 물가상승에 대한 기대를 포함한다. 만약 기대 현금흐름에 기대 물가상승률이 포함된다면, *할인율*은 물가상승에 대한 조정도 포함해야 한다.

(d) 통화: 사용된 통화의 선택은 물가상승이나 위험과 관련된 가정에 영향을 줄 수 있*다*. 이는 특히 신흥 시장이나 높은 물가 상승률을 가진 통화에서 그러하다. 예측에 사용된 통화와 관련 위험은 *자산*이 소재하거나 운영되는 국가에 관련된 위험과 별개이며 분리된다.

(e) 예측에 포함된 현금흐름 유형: 예를 들어, 현금흐름 예측은 기대 현금흐름(즉, 확률 가중 시나리오), 가장 가능성 있는 현금흐름, 계약상 현금흐름 등을 나타낼 수 있*다*.

50.6. 채택된 현금흐름은 *참가자*의 관점에 부합해야 *한다*. 예를 들어, 부동산에 대한 현금흐름과 할인율은 관습적으로 세전 기준으로 산출하는 반면, 기업에 대한 현금흐름

과 *할인율*은 통상 세후 기준으로 산출한다. 세전과 세후간의 세율 조정은 복잡하며 오류가 발생하기 쉬우므로 신중하게 접근*한다*.

50.7. *감정평가*에서 사용한 통화("감정평가 통화")가 현금흐름 예측에서 사용한 통화("기능통화")와 다른 경우, *감정평가사*는 다음 두 가지 통화 환산 방법 중 하나를 사용*한다*.

　(a) 기능통화에 적절한 *할인율*을 사용하여 기능통화의 현금흐름을 할인한다. 현금흐름의 현재가치를 기준시점 당시 환율에 따라 감정평가 통화로 환산한다.

　(b) 기능통화 예측을 감정평가 통화 예측으로 환산하고 감정평가 통화에 적합한 할인율로 할인하기 위해 환율 선도 곡선을 활용한다. 신뢰할 만한 환율 선도 곡선이 없으면(예를 들어, 해당 환율 시장의 유동성 부족으로 인해), 이 방법은 사용할 수 *없고*, 50.7(a)에서 기술된 감정평가방법만 적용할 수 있다.

*명시적 예측 기간*

50.8. 기간 설정기준은 *감정평가 목적*, *자산*의 특성, 이용 가능한 정보 및 필요한 *기준가치*에 따른다. 수명이 짧은 *자산*의 경우, 그 전체 수명에 걸쳐 현금흐름을 추정하는 것이 가능하고 적절할 수 있다.

50.9. *감정평가사*는 명시적인 예측 기간을 설정할 때 다음의 요소를 고려*한다*.

　(a) *자산*의 수명

　(b) 예측의 근거가 되는 신뢰할 수 있는 자료 수집이 가능한 합리적인 기간

　(c) *자산*이 안정적인 수준의 성장과 수익을 달성하기에 충분*하고* 해당 기간 후에는 기간 말 가치가 사용될 수 있는 최소한의 명시적 예측 기간

　(d) 경기 순환*자산*의 *감정평가*에서 명시적 예측 기간은 가능한 경우 일반적으로 전체 순환 경기를 포함*한다*.

　(e) 대부분의 금융상품과 같이 만기가 있는 *자산*에 대한 현금흐름은 일반적으로 *자산*의 전체 수명동안 예측한다.

50.10. 일부, 특히 *자산*이 감정평가 기준시점에 안정적인 수준의 성장과 이익으로 운영되고 있는 경우 명시적인 예측 기간을 고려할 필요가 없을 수 있으며, 기간 말 가치가 가치의 유일한 근거가 될 수 *있다*(수익환원법이라고도 한다).

50.11. 투자자 한 명의 보유 계획 기간이 명시적 예측 기간을 설정하는데 유일한 참고가 되어서는 안 *되며(should)*, *자산*의 *가치*에 영향을 미쳐서도 안 *된다(should)*. 그러나, *감정평가*의 목적이 *투자가치*를 결정하는 것이라면, 자산을 보유할 것으로 계획하는 기간을 명시적 예측 기간 결정에 참고할 수 *있다*.

*현금흐름 예측*

50.12. 명시적 예측 기간동안 현금흐름은 예상 재무 정보(PFI: prospective financial information)(예상 수익/유입 및 지출/유출)를 활용하여 구성한다.

50.13. 50.12의 요건에 따라, PFI (예, 경영진 예측)의 출처에 상관없이, *감정평가사*는 PFI와 PFI의 근거가 되는 가정 및 감정평가 *목적*에의 적합성을 평가하기 위한 분석을 *반드시 수행*해야 한다. PFI의 적합성과 그 근거 가정은 목적과 필요한 *기준가치*에 따라 달라진다. 예를 들어, *시장가치*를 결정하는 데 사용되는 현금흐름은 *참가자*가 예상하는 PFI를 *반영한다*. 반대로, *투자가치*는 특정 투자자의 관점에서 합리적으로 예측한 현금흐름을 이용하여 측정할 수 있다.

50.14. 현금흐름은 *자산*의 특성, 현금 흐름의 양상, 사용 가능한 자료 및 예측 기간의 길이에 따라 적절한 주기 간격(예, 주별, 월별, 분기별, 연간)으로 구분된다.

50.15. 예상 현금흐름은 *기준가치*에 적합한 관점에서 대상 *자산*과 관련된 모든 미래 현금흐름의 유입과 유출에 대한 금액과 시기를 *포함한다*.

50.16. 일반적으로 예상 현금흐름은 다음 중 하나를 반영한다.
(a) 계약상의 현금흐름 혹은 약속된 현금흐름
(b) 가장 가능성이 높은 일련의 단일 현금흐름
(c) 확률 *가중* 기대 현금흐름
(d) 가능한 미래 현금흐름에 대한 여러 시나리오

50.17. 다른 유형의 현금흐름은 흔히 다른 수준의 위험을 반영하고 다른 *할인율*을 필요로 할 *수 있다*. 예를 들어, 확률 *가중* 기대 현금흐름은 모든 가능한 결과에 대한 예측을 포함하고, 특정 조건이나 사건에 의존하지 않는다(확률 *가중* 기대 현금흐름을 사용할 때, *감정평가사*가 항상 복잡한 모형이나 기술을 사용하여 모든 가능한 현금흐름의 배분을 고려할 필요는 없다. 오히려 *감정평가사*는 가능한 현금흐름 배열을 포함하는 제한된 수의 개별 시나리오와 확률을 설정할 수 *있다*). 가장 가능성이 높은 일련의 단일 현금흐름은 특정 미래 사건에 따라 결정될 수 *있으므로* 다른 위험을 반영할 수 있으며 다른 *할인율*이 타당할 수 있다.

50.18. *감정평가사*는 종종 회계상 수익과 비용을 반영하는 PFI를 받지만, 일반적으로 *참가자*가 예상하는 현금흐름을 *감정평가*의 기준으로 사용하는 것이 바람직하다. 예를 들어, 감가수정이나 감가상각과 같은 회계상 비현금성 비용은 다시 가산되어야 *하며* 자본 지출이나 운전 자본 변동에 관련된 예상 현금 유출은 현금흐름 산정 시 공제*한다*.

50.19. *감정평가사*는 자산의 계절성과 순환성이 현금흐름 예측에서 적절히 고려되었는지 *반드시* 확인*해야* 한다.

*기간 말 가치*

50.20. *자산*이 명시적 예측 기간을 넘어 존속할 것으로 기대되는 경우, *감정평가사*는 반드시 해당 기간 말의 *자산 가치*를 예측*하여야* 한다. 기간 말 *가치*는 일반적으로 현금흐름 예측에 적용된 동일한 *할인율*을 사용하여 감정평가 기준시점으로 할인한다.

50.21. 기간 말 가치는 다음을 고려*한다.*

   (a) *자산*이 자연상태에서 노후화되고 있는지, 한정된 수명을 가지는지, 또는 무한 수명인지 여부(기간 말 가치를 산정하는 방법에 영향을 미치기 때문이다.)

   (b) 명시적 예측 기간을 넘어 *자산*에 대한 미래 성장 잠재력이 있는지 여부

   (c) 명시적 예측 기간 말에 수령할 것으로 예상되는 사전 결정된 고정 자본금액의 여부

   (d) 기간 말 가치가 산정되는 시점에 *자산*의 예상 위험 수준

   (e) 경기 순환*자산*의 경우, 기간 말 가치는 *자산*의 순환 특성을 고려*하되*(should), 영구적인 현금흐름을 "고점"이나 "저점" 수준으로 가정하는 방식으로 수행해서는 안 *된다*(should).

   (f) 명시적 예측 기간 말 당시 *자산*의 고유한 세액조정(있는 경우)과 이 세액조정이 영구적으로 지속될 것인지 여부

50.22. *감정평가사*는 기간 말 가치 산정을 위해 합리적인 방법을 적용할 수 *있다.* 기간 말 가치를 산정하는 방법에는 여러 가지가 있지만, 가장 일반적으로 사용되는 세 가지 방법은 다음과 같다.

   (a) 고든 성장 모형(Gordon Growth Model)/지속 성장 모형(비한정 수명 *자산*에만 적합)

   (b) 시장접근법/재매도가치법(노후화되는/한정 수명 *자산* 및 비한정 수명 *자산* 모두에 적합)

   (c) 잔존 가치/처분 비용(노후화되는/한정 수명 *자산*에만 적합)

*고든 성장 모형(Gordon Growth Model/지속 성장 모형)*

50.23. 지속성장 모형은 *자산*이 영구히 일정한 비율로 증가(또는 감소)한다고 가정한다.

*시장접근법/재매도 가치법*

50.24. 시장접근법/재매도 가치법은 여러 가지 방법으로 수행할 수 있지만, 결국 명시적 현금흐름 예측 기간 말에 *자산*의 *가치*를 산정하고자 하는 것이다.

50.25. 이 방법에 따라 기간 말 가치를 산정하는 데는 시장 자료 기반 자본화 계수 또는 시장배율을 적용한다.

50.26. 시장접근법/재매도가치법이 사용되는 경우, *감정평가사*는 105의 시장접근법과 시장접근법에 의한 감정평가방법의 규정(20 및 30)을 준수한다. 그러나, *감정평가사*는 명시적 예측 기간 말의 시장 상황도 고려하고 그에 따른 조정을 한다.

### *잔존 가치/처분 비용*

50.27. 일부 *자산*의 기간 말 가치는 이전 현금흐름과 거의 또는 전혀 무관할 수 있다. 이러한 *자산*의 예로는 광산이나 유정과 같은 소모성 *자산*이 있다.

50.28. 이러한 경우, 기간 말 가치는 일반적으로 *자산*의 잔존 가치에서 *자산*의 처분 *비용*을 차감한 금액으로 산정한다. 이 때 *비용*이 잔존 가치를 초과하는 경우, 기간 말 가치는 마이너스이며, 처분 비용 또는 *자산* 처분 의무라 한다.

### *할인율*

50.29. 예상 현금 흐름을 할인하는 비율은 화폐의 시간 가치 뿐만 아니라, 현금흐름 유형 및 *자산*의 미래 운용과 관련된 위험도 반영*한다*.

50.30. *할인율*은 현금흐름 유형과 반드시 일관성이 있*어야* 한다.

50.31. *감정평가사*는 적절한 할인율을 설정하기 위해 합리적인 방법을 사용할 수 있다. 할인율을 설정하거나 할인율의 합리성을 결정하는 여러 방법이 있지만, 대략적인 방법은 다음과 같다.

   (a) 자본*자산* 가격 결정 모형(capital *asset* pricing model: CAPM))
   (b) *가중*평균자본비용(*weighted* average return on assets: (WACC))
   (c) 관찰 또는 추론 이율/수익률
   (d) 조성법

50.32. *감정평가사*는 할인율의 적절성을 평가할 때, 확증적 분석을 고려*한다*. 이 분석은 일반적으로 다음을 포함한다.

   (a) 내부수익률(IRR: internal rate of return)
   (b) *가중*평균*자산*수익률(WARA: *weighted* average return on *assets*)
   (c) 시장접근법과 같은 다른 접근법에 의한 *시산가치*, 또는 수익접근법에 내포된 배율을 유사기업 시장 배율이나 거래 배율과 비교

50.33. 할인율을 설정할 때, *감정평가사*는 다음을 고려한다.

   (a) 감정평가 대상 *자산*의 유형. 예를 들어, 부채의 감정평가에 사용되는 할인율은 부동산이나 기업을 감정평가 하는데 사용되는 것과 다를 것이다.
   (b) 시장의 거래사례에 내재된 이율

(c) 해당 *자산*의 지리적 위치 및/또는 그 거래 시장의 위치

(d) 해당 *자산*의 수명/기간 및/또는 만기와 *활용* 자료의 일관성. 예를 들어, 적용된 무위험이자율의 만기는 시장 상황에 따라 다르지만, 일반적인 접근법은 무위험 이자율의 만기와 고려하고 있는 현금흐름의 시간 범위를 일치시킨다.

(e) 적용하고 있는 *기준가치*

(f) 추정 현금흐름의 통화 단위

50.34. 할인율을 설정할 때, *감정평가사*는 *반드시* 다음을 수행*해야* 한다.

(a) 할인율을 설정하는 데 적용한 방법을 문서화하여 그 근거를 제시한다.

(b) 중요 자료를 확인하여 할인율 산출에 대한 근거를 제시하여, 자료 산출과 출처를 뒷받침한다.

50.35. *감정평가사*는 *반드시* 설정된 예측의 목적과 예측에 대한 가정이 적용된 *기준가치*에 부합하는지를 고려*해야* 한다. 예측에 대한 가정이 *기준가치*와 부합하지 않는 경우, 그 예측이나 할인율 조정이 필요할 수 있다(50.38 참조).

50.36. *감정평가사*는 할인율을 설정할 때 *반드시* 예측한 자산의 현금흐름에 대한 장래 위험을 고려*해야* 한다. 특히 *감정평가사*는 할인율에 현금흐름 예측에 대한 가정의 근거가 된 위험이 고려되었는지를 *반드시* 판단*해야* 한다.

50.37. 예측한 현금흐름의 장래 위험을 평가하는 방법은 여러가지가 있으며, 개략적인 일반 절차는 다음과 같다.

(a) 예측한 현금흐름의 주요 구성 요소를 파악하여 이를 다음과 비교한다.
- *자산*에 대한 과거 운영 실적 및 재무 실적
- 비교 가능한 *자산*의 과거 실적 및 예상 실적
- 해당 산업의 과거 실적 및 예상 실적
- 해당 *자산*이 주로 운영되는 국가나 지역의 예상 장단기성장률

(b) 예측한 현금흐름이 해당 *자산*의 예상 현금흐름(즉, 확률-*가중* 시나리오)을 나타내는지, 반대로 가장 가능성이 높은 현금흐름(즉, 최고 확률 시나리오)이나 다른 유형의 현금흐름을 나타내는 것인지 확인한다.

(c) 예상 현금흐름을 활용하는 경우, 이를 도출하는데 적용한 잠재적 결과의 상대적 분산(예, 분산이 클수록 할인율 조정이 필요하다는 것을 나타낼 수 *있다*)을 고려한다.

(d) 해당 *자산*에 대한 과거의 예측을 실제 결과와 비교하여 경영진의 예측에 대한 정확성과 신뢰성을 평가한다.

(e) 정성적 요인을 고려한다.

(f) 시장접근법에 의한 결과 등 다른 시산가치를 고려한다.

50.38. *감정평가사*가 해당 *자산*의 예상 현금흐름에 포함된 특정 위험이 할인율에 반영되지 않았다고 판단하는 경우, *감정평가사는 반드시* 1) 해당 예측을 조정하거나, 2) 아직 반영되지 않은 위험을 고려하기 위해 할인율을 조정*해야* 한다.

(a) 현금흐름 예측을 조정할 때 *감정평가사*는 조정이 필요한 논리적 근거를 제시*하고*, 조정을 뒷받침할 정량적 절차를 수행*하며*, 조정의 성격과 내용을 문서화*한다.*

(b) 할인율을 조정할 때 *감정평가사*는 현금흐름에 대한 예측을 조정하는 것이 적절하지 않거나 가능하지 않은 이유를 문서화*하고*, 그러한 위험이 할인율에 반영되지 않은 이유에 대해 논리적 근거를 제시*하며*, 그 조정을 뒷받침할 정량적·정성적 절차를 수행*하여*, 그 조정의 성격과 내용을 문서화*한다*. 정량적 절차의 활용이 반드시 할인율 조정에 대한 정량적 도출을 수반하는 것은 아니다. *감정평가사*는 철저한 정량적 절차를 수행할 필요는 없지만, 합리적으로 이용 가능한 모든 정보를 고려*한다*.

50.39. 할인율을 설정할 때, *자산*의 계정 단위가 비체계적인 위험과 전체 할인율 도출에 미친 영향을 고려하는 것이 적절할 수 *있다*. 예를 들어, *감정평가사*는 시장 *참가자*들이 *자산*에 대한 할인율을 개별적으로 평가하는지, 아니면 보다 광범위한 포트폴리오의 일부로 평가하여, 비체계적 위험의 잠재적 분산을 고려하는지를 검토*한다*.

50.40. *감정평가사*는 기업간 합의와 이전 가격이 할인율에 미치는 영향을 고려*한다*. 예를 들어, 기업간 합의에서 대기업 내의 일부 사업이나 회사에 대해 고정된 수익이나 수익 보장을 명시하는 것이 드문 일은 아닌데, 이는 기업이 예측하는 현금흐름에 대한 위험과 적절한 할인율을 감소시킨다. 다만, 그 대기업 내의 다른 사업이나 회사는 초과 이익과 위험이 모두 할당되어 기업이 예측하는 현금흐름의 위험과 적절 할인율을 증가시키는 잔존 수익자로 간주된다.

## 60. 비용접근법

60.1. 비용접근법은 과도한 시간, 불편, 위험 또는 기타 다른 요소가 개입되지 않는 한 매수인이 매입을 하든 건축을 하든 동일한 효용의 *자산*을 획득하는데 소요되는 *비용*보다 많이 지불하지는 않을 것이라는 경제 원리를 사용하여 *시산가치*를 제시한다. 이는 *자산*이 현재 대체되거나 재생산되는 비용을 계산하고 물리적 감가 및 다른 관련된 노후화에 대한 감가 후 시산*가치*를 제시한다.

60.2. 비용접근법은 다음의 상황에서 *상당한 가중치*를 두어 적용*한다*.

(a) *참가자*들이 규제나 법적 제한 없이 대상 *자산*과 충분히 동일한 효용을 가진 *자산*을 재조달할 수 있으며, 해당 *자산*을 즉시 사용할 수 있는 가능성에 대해 *상당*

한 프리미엄을 지불하지 않을 정도로 충분히 신속하게 재조달할 수 있는 경우

(b) *자산*이 직접 수익을 창출하지 않으며, *자산*의 고유한 특성으로 인해 소득접근법이나 시장접근법을 적용하는 것이 어려운 경우

(c) 적용된 *기준가치*가 기본적으로 대체 가치와 같은 대체 원가에 근거하고 있는 경우

60.3. 위의 60.2의 상황은 비용접근법을 적용하고 *상당한 가중치*를 두어야 *하는 경우*를 제시하고 있으며, 다음은 비용접근법이 적용될 수 *있고 상당한 가중치*를 둘 수 있는 추가적인 경우이다. 다음의 상황에서 비용접근법을 적용할 때, *감정평가사*는 다른 접근법이 적용될 수 있는지와 비용접근법에 의한 *시산가치*에 *가중치*를 둘 수 있는지를 검토한다.

(a) *참가자*들이 유사한 효용을 가진 *자산*을 재조달할 수 있지만, *자산*을 재조달하는데 잠재적인 법적 또는 규제적 장해가 있거나 *상당한* 시간이 소요되는 경우

(b) 비용접근법을 다른 접근법에 대한 합리성 확인으로 활용하는 경우(예, 계속기업으로 평가하는 것이 청산가치를 기준으로 하는 경우보다 더 높은 가치를 갖는지를 확인하기 위해 비용접근법을 사용하는 경우)

(c) *자산*이 최근에 제작되어 비용접근법에 사용된 가정에 대한 신뢰도가 높은 경우

60.4. 부분 완성된 *자산*의 *가치*는 일반적으로 *자산*의 그 일부까지 발생한 *비용*(그리고 그 비용이 *가치*에 기여했는지 여부)과 제작 완료 시 *가치*에 대한 *참가자*들의 기대를 반영하되, *자산*을 완성하는데 필요한 *비용*과 시간 및 수익과 위험에 대한 적절한 조정을 고려한다.

## 70. 비용접근법에 의한 감정평가방법

70.1. 일반적으로 비용접근법에 의한 감정평가방법은 세 가지가 있다.

(a) 대체원가법: 동일한 효용을 가진 유사한 *자산*의 *비용*을 계산하여 시산가치를 산정하는 방법

(b) 재생산원가법: *자산*의 복제물을 재생산하는 *비용*을 계산하여 *시산가치*를 산정하는 방법

(c) 합산법: *자산*의 구성 부분의 개별 *가치*를 더하여 *가치*를 계산하는 방법

### 대체원가법

70.2. 일반적으로 대체 원가는 *자산*의 정확한 물리적 속성이 아니라, *자산*의 효용을 대체하는 것을 기반으로 *참가자*가 지불할 *가격*을 결정하는데 관련된 *비용*이다.

70.3. 일반적으로 대체 원가는 물리적 쇠퇴와 모든 형태의 관련된 노후화를 조정한다. 그러한 조정 후에는 감가수정 후 대체 원가라 할 수 있다.

70.4. 대체원가법의 주요 절차는 다음과 같다.

(a) 동일한 효용을 제공하는 *자산*을 재현하거나 획득하고자 하는 일반적인 *참가자*에 의해 발생하는 모든 *비용*을 계산한다.

(b) 대상 *자산*과 관련된 물리적, 기능적 및 외부적 노후화에 관련된 감가수정이 필요한지 결정한다.

(c) 대상 *자산*의 *가치*를 산출하기 위해 총 *비용*에서 총 감가수정액을 공제한다.

70.5. 대체 원가는 일반적으로 감정평가 대상 *자산*과 유사한 기능과 동일한 수준의 효용을 제공하지만 현재의 설계와 현재의 비용 효율적인 자재 및 기술로 건설된 또는 제작된 현재의 동일 효용 *자산*에 대한 원가이다.

*재생산원가법*

70.6. 재생산원가는 다음과 같은 경우에 적절하다.

(a) 현재 동일 효용 *자산*의 비용이 대상 *자산*의 복제물을 재생산하는 *비용*보다 큰 경우

(b) 대상 *자산*이 제공하는 효용은 현재 동일 효용 자산이 아닌 복제물에 의해서만 제공될 수 있는 경우

70.7. 재생산원가법의 주요 절차는 다음과 같다.

(a) 대상 *자산*의 정확한 복제물을 생산하려는 일반적인 *참가자*에 의해 발생하는 모든 *비용*을 계산한다.

(b) 대상 *자산*과 관련된 물리적, 기능적 및 외부적 노후화에 관련된 감가수정이 필요한지 결정한다.

(c) 대상 *자산*의 *가치*를 산출하기 위해 총 *비용*에서 총 감가수정액을 공제한다.

*합산법*

70.8. 기초 *자산* 방법이라고도 하는 합산법은 일반적으로 *가치*가 보유 지분 *가치*의 주요 요소인 투자회사 또는 그 외 유형의 *자산*이나 기업에 사용된다.

70.9. 합산법의 주요 절차는 다음과 같다.

(a) 적절한 감정평가 접근법과 감정평가방법을 적용하여 대상 *자산*의 일부인 각 구성 *자산*의 가치를 평가한다.

(b) 구성 *자산*의 *가치*를 합산하여 대상 자산의 *가치*를 산출한다.

*비용 고려사항*

70.10. 비용접근법은 일반적인 *참가자*에 의해 발생되는 모든 *비용*을 파악한다.

70.11. 원가 요소는 *자산* 유형에 따라 다를 수 있으며 감정평가 기준시점에 *자산*을 대체하거나 재생산하는데 소요되는 직접비용 및 간접비용을 포함한다. 이 때 고려할 몇 가

지 항목은 다음과 같다.

(a) 직접비
　1. 재료비
　2. 노무비

(b) 간접비
　1. 운송비
　2. 설치비
　3. 전문가 비용(설계, 허가, 건축, 법률 등)
　4. 기타 수수료(커미션 등)
　5. 간접비
　6. 세금
　7. 금융비용(예, 대출금에 대한 이자)
　8. *자산* 제작자의 이윤/기업가 이익(예, 투자수익)

70.12. 제3자로부터 취득한 *자산*은 투자 수익을 제공하기 위한 일정 형태의 이익 마진과 *자산*을 창출하는데 관련된 *비용*을 반영할 것으로 추정된다. 마찬가지로, 가상의 거래를 가정한 *기준가치* 하에서 그것이 *비용*이나 *가치*에 대한 일시금이든 일정 비율이든, 목표 이익으로 나타날 수 있는 특정 *비용*에 대한 가정된 이윤을 포함하는 것이 적절할 수 있다. 다만, 금융비용이 포함된다면 투입 자본에 대한 *참가자*의 요구 수익률을 이미 반영한 것일 수 있으므로, *감정평가사*는 금융비용과 이익 마진을 둘 다 포함할 때 주의한다.

70.13. *비용*이 제3의 공급자 또는 도급계약의 실제 가격, 견적 가격, 또는 추정 가격에서 산출되는 경우, 이 *비용*은 이미 제3자가 원하는 수준의 이익을 포함한 것이다.

70.14. 대상 *자산*(또는 비교 가능한 참고 *자산*)을 창출하는데 소요된 실제 *비용*이 사용될 수 있으며, 이는 해당 *자산*의 *비용* 관련 지표를 제공할 수 있다. 다만, 다음 사항을 반영하기 위해 조정이 필요할 수 있다.

(a) *비용* 발생일과 감정평가 기준시점 사이의 비용 변동

(b) 원가 자료에는 반영되지만, 유사한 물건을 창출할 때 발생하지 않는 비정형적이거나 예외적인 *비용*, 또는 절감액

## 80. 감가수정/노후화

80.1. 비용접근법에서 "감가수정"은 대상 *자산*의 노후화가 *가치*에 미치는 영향을 반영하기 위해 동일한 효용의 *자산*을 창출하는 추정 *비용*에 대한 조정을 지칭한다. 이는 시간 경과에 따라 자본적 지출을 체계적으로 비용화 하는 방법을 일컫는 재무보고 목적이나 세법에서의 용어와 다르다.

80.2. 감가수정은 일반적으로 다음의 감가 유형에 따라 고려하는데, 조정 시 하위 항목으로 추가 분류될 수 *있다*.

　(a) 물리적 감가: 시간 경과와 사용으로 인해 *자산*이나 그 구성부분이 물리적으로 노후화되어 발생하는 효용의 손실

　(b) 기능적 감가: 디자인, 사양, 진부한 기술 등 대체물과 비교했을 때 대상 *자산*이 가지는 비효율로 인한 효용의 손실

　(c) 외부적 또는 경제적 감가: *자산* 외부의 경제적 또는 위치적 요인으로 인한 효용 손실. 이 유형의 손실은 일시적일 수도 있고, 영구적일 수도 있다.

80.3. 감가수정/노후화는 *자산*의 물리적 수명과 경제적 수명을 고려*한다*.

　(a) 물리적 수명은 일상적인 유지관리는 하지만 재정비나 재건축의 가능성은 배제한 상태에서 *자산*이 마모되거나 경제적 수리 한계를 넘기 전까지 사용할 수 있는 기간이다.

　(b) 경제적 수명은 *자산*이 현재의 이용상태에서 재무적 수익을 창출하거나 비재무적 효익을 제공할 수 있을 것으로 기대되는 기간이다. *자산*이 노출된 기능적 감가나 경제적 감가의 정도에 따라 영향을 받는다.

80.4. 일부 유형의 경제적 또는 외부적 감가를 제외하고, 대부분의 감가 유형은 예상 대체원가 또는 재생산 비용의 기초가 되는 가상 *자산*과 대상 *자산*의 비교를 통해 측정된다. 다만, 노후화가 *가치*에 미치는 영향에 대한 시장 자료가 있는 경우, 해당 자료를 고려*한다*.

80.5. 물리적 감가는 두 가지 다른 방법으로 측정할 수 있다.

　(a) 치유 가능한 물리적 감가, 즉, 그 감가를 수리/치유하는 *비용*
　(b) 물리적 감가에 대한 조정이 총 기대 경과수명의 비율과 동일한 경우, *자산*의 연식, 총 기대수명 및 잔존수명을 고려한 치유 불가능한 물리적 감가. 총 기대수명은 연수, 마일리지, 생산단위 등을 포함하여 합리적인 방법으로 표시할 수 *있다*.

80.6. 기능적 감가에는 두 가지 형태가 있다.

　(a) 대상 *자산*보다 낮은 자본 비용으로 최신의 유사한 *자산*을 사용할 수 있도록 하는 디자인, 건축자재, 기술 또는 제조 기법의 변화로 발생하는 초과 자본 비용

　(b) 대상 *자산*보다 낮은 운영 비용으로 최신의 유사한 *자산*을 사용할 수 있도록 하는 디자인 개선 또는 초과 생산력에 의한 초과 운영 비용

80.7. 경제적 감가는 외부 요인이 한 회사의 개별 *자산*이나 모든 *자산*에 영향을 미칠 때 발생할 수 *있으며*, 물리적 감가와 기능적 감가 후에 공제되어야 *한다*. 부동산의 경우, 경제적 감가의 예는 다음을 포함한다.

(a) 해당 *자산*에 의한 제품이나 서비스 수요에 대한 불리한 변화

(b) 해당 *자산* 시장에서의 과잉 공급

(c) 노동력 또는 원자재 공급의 중단 또는 손실

(d) 해당 *자산*에 대한 시장 임대료를 지불할 여력은 없으나 여전히 시장 수익률을 창출하는 기업이 사용하는 *자산*

80.8. 현금 또는 현금 등가물은 노후화되지 않고 조정하지 않는다. 시장성 있는 *자산*은 시장접근법에 의해 산출된 *시장가치* 이하로 조정되지 않는다.

## 90. 감정평가 모델

90.1. 감정평가 모델은 *가치*를 추정하고 문서화하는데 사용되는 정량적인 방법, 체계, 기법 및 정성적 판단을 총칭한다.

90.2. 감정평가 모델을 사용하거나 설정할 때, *감정평가사*는 반드시 다음을 수행*하여야* 한다.

(a) 감정평가 모델을 선정하거나 설정하는 것을 뒷받침하기 위한 적절한 기록을 보관한다.

(b) 감정평가 모델의 결과, 중요한 가정 및 제한 조건이 *감정평가*의 기초 및 범위에 부합하는가를 파악하고 확인한다.

(c) 감정평가 모델에서 설정한 가정과 관련된 주요 위험을 고려한다.

90.3. 감정평가 모델의 특성과 관계없이, 국제감정평가기준을 준수하기 위해 *감정평가사*는 그 *감정평가*가 국제감정평가기준에 포함된 모든 다른 요건을 준수하는지 반드시 확인해야 한다.

# 자산 기준

## IVS 200 기업 및 기업 지분

| 목차 | |
|---|---|
| 개요 | 10 |
| 소개 | 20 |
| 기준가치 | 30 |
| 감정평가 접근법과 감정평가방법 | 40 |
| 시장접근법 | 50 |
| 수익접근법 | 60 |
| 비용접근법 | 70 |
| 기업 및 기업 지분에 대한 특별 고려사항 | 80 |
| 소유권 | 90 |
| 기업정보 | 100 |
| 경제와 산업에 대한 고려사항 | 110 |
| 영업용 자산과 비영업용 자산 | 120 |
| 자본구조와 고려사항 | 130 |

### 10. 개요

10.1. 일반기준에 포함된 규정은 기업 및 기업 지분 *감정평가*에도 적용된다. 이 장은 기업 및 기업 지분 *감정평가*에 적용되는 추가 요건을 설명한다.

### 20. 소개

20.1. 기업을 구성하는 것에 대한 정의는 *감정평가*의 *목적*에 따라 다를 수 *있지만*, 일반적으로 상업, 공업, 서비스업 또는 투자 활동에 연관된 조직 또는 *자산*의 총체를 포함한다. 일반적으로 기업은 경제 활동을 하는 하나 이상의 *자산* (혹은 그 *가치*가 추가 *자산*과 연계되어 있는 단일 *자산*)을 포함하는데, 이 때의 경제활동은 개별 *자산*이 자체적으로 생산한 결과와는 다르다.

20.2. 개별 무형자산이나 일단의 무형자산이 기업을 구성하지 않을 수 있지만 그러한 *자산*이 개별 자산 자체에서 창출되는 결과와 다른 경제 활동을 창출하는 경우 본 기준의 적용범위에 포함된다. *자산*이 이 기준을 충족하지 않으면 *감정평가사*는 IVS 210, *무형자산*과 IVS 220, *비금융부채*를 적용한다.

20.3. 기업의 상업, 공업, 서비스업 또는 투자활동은 *자산*이 개별로 창출하는 것보다 더 큰 경제활동(즉, *가치*)을 창출할 수 있다. 그 초과 가치는 흔히 계속기업 가치 또는 영업권이라 한다. 이 초과가치는 특정 상황의 특정 *기준가치*에 따라 별개의 *자산*을 구성할 수 있다. 초과 가치가 없다고 해서 개별 *자산*이나 일단의 *자산*이 당연히 기업을 구성하지 않는다는 의미는 아니다. 또한 경제적으로 기업 내 *자산*의 모든 *가치*는 실질적으로 단일 *자산*에 포함될 수 있다.

20.4. 기업은 주식회사, 합명회사, 합작회사, 개인기업 등 여러 법정 형태를 취할 수 있다. 그러나 기업은 하나 이상의 법적 실체 중 일부를 구성하는 부서, 지사, 사업부, 부문, 현금 창출 단위, 자산 집단과 같은 다른 형태를 취할 수도 있다.

20.5. 기업의 지분(예, 증권) 역시 여러 형태를 취할 수 있다. 기업 지분의 가치를 결정할 때, *감정평가사*는 먼저 본 기준을 적용하여 기업의 기초가 되는 *가치*를 결정한다. 그런 경우, 기업의 지분은 본 기준의 범위 내에 있어야 하지만, 지분의 성격에 따라 특정 다른 기준이 적용될 수도 있다.

20.6. *감정평가사*는 *감정평가*가 기업 전체인지, 기업의 주식 또는 지분(지배지분이든 비지배지분이든)인지, 아니면, 기업의 특정 사업활동인지를 *반드시* 설정*해야* 한다. 제시되는 *가치* 유형은 *감정평가* 목적에 반드시 부합해야 하며, 계약 내용에 포함*되어야* 한다 (IVS 101, *업무범위* 참조). 전체 기업에 대하여 *감정평가*를 하는 경우에도 다음의 예와 같이 *가치*가 나타낼 수 있는 다른 수준이 있을 수 *있으므로* 평가하는 기업이나 기업 지분을 명확하게 정의하는 것이 특히 중요하다.

(a) 기업가치: 흔히 기업의 총자본 *가치*에 부채 또는 부채 관련 채무 *가치*를 더하고, 해당 채무를 충당하는데 사용할 수 있는 현금 및 현금성 자산을 공제한 것을 말한다.

(b) 총 투하자본 가치: 출처에 관계없이 현재 기업에 투자된 총 금액으로, 흔히 유동부채와 현금을 뺀 총*자산* *가치*를 반영한다.

(c) 영업가치: 비영업용 *자산*과 부채의 *가치*를 제외한 기업의 총영업*가치*

(d) 지분가치: 모든 지분 주주에 대한 기업의 *가치*

20.7. 기업에 대한 *감정평가*는 기업 인수, 합병, 매각, 과세, 소송, 파산 절차 및 재무보고를 포함한 다양한 *목적*을 위해 필요하다. 기업 *감정평가*는 또한 스톡 옵션, 특정 종류의 주식 또는 부채 *감정평가*와 같은 다른 *감정평가*에 대한 자료나 절차로서 필요할 수 있다.

## 30. 기준가치

30.1. IVS 104, *기준가치*에 따라, *감정평가사*는 반드시 기업이나 기업 지분을 감정평가할 때 적절한 *기준가치*를 선정*해야* 한다.

30.2. 흔히 기업가치는 국제감정평가기준위원회가 아닌 기구/조직(IVS 101, *기준가치*에 일부 예가 언급되어 있다)에서 정의한 *기준가치*를 사용하여 감정평가 하는데, 감정평가 기준시점 당시 그 *기준가치*와 관련된 규정, 판례 또는 기타 다른 해석지침을

이해하고 준수하는 것은 *감정평가사*의 책임이다.

**40. 감정평가 접근법과 감정평가방법**

40.1. IVS 105, *감정평가 접근법과 감정평가방법*에 설명된 세가지 주요 감정평가 접근법이 기업 및 기업 지분 *감정평가*에 적용될 수 있다.

40.2. 감정평가 접근법과 감정평가방법을 선정할 때, *감정평가사*는 반드시 이 기준의 요건 외에도 10.3를 포함하여 IVS 105, *감정평가 접근법과 감정평가방법*의 규정을 반드시 준수해야 한다.

**50. 시장접근법**

50.1. 기업 및 기업 지분이라는 *자산*이 IVS 105, *감정평가 접근법과 감정평가방법*, 20.2 또는 20.3의 규정을 충족하므로 시장접근법은 기업 및 기업 지분 *감정평가*에 흔히 적용된다. 시장접근법에 따라 기업 및 기업 지분을 감정평가 하는 경우, *감정평가사*는 IVS 105 *감정평가 접근법과 감정평가방법*, 20 및 30의 규정을 준수한다.

50.2. 시장접근법을 적용하는 기업 및 기업 지분 감정평가에 사용되는 자료의 가장 일반적인 세 가지 출처는 다음과 같다.

(a) 유사 기업의 소유 지분이 거래되는 공개 주식시장

(b) 전체 기업이나 기업의 지배 지분이 매매되는 인수 시장

(c) 대상 기업의 소유권에 대한 이전 주식 거래 또는 제안

50.3. 시장접근법에서는 신뢰할 수 있는 유사 기업과 그에 대한 합리적인 비교의 근거가 반드시 있어야 한다. 이러한 유사 기업은 대상 기업과 같은 산업 내에 있거나 동일한 경제 변수에 반응하는 산업 내에 있어야 *한다*. 합리적인 비교 근거가 있는지 평가할 때 고려하는 요소는 다음과 같다.

(a) 기업의 질적 특성과 양적 특성 측면에서 대상 기업과의 유사성

(b) 유사 기업에 대한 자료의 양과 검증 가능성

(c) 유사기업의 *가격*이 사정이 개입되지 않은 정상거래를 나타내는지 여부

50.4. 시장비율 적용시 60.8와 같은 조정을 대상기업과 비교기업 모두에 적용하는 것이 적절할 수 있다.

50.5. *감정평가사*는 비교 가능한 거래사례를 선정하고 조정할 때, IVS 105, *감정평가 접근법과 감정평가방법*, 30.7 - 30.8를 준수한다.

50.6. *감정평가사*는 비교가능한 상장 회사의 정보를 선정하고 조정할 때, IVS 105, *감정평가 접근법과 감정평가방법*, 30.13 - 30.14를 준수한다.

**60. 수익접근법**

60.1. 기업 및 기업 지분이라는 *자산*이 IVS 105, *감정평가 접근법과 감정평가방법*, 40.2 또는 40.3의 규정을 충족하므로 수익접근법은 기업 및 기업 지분 *감정평가*에 흔히 적용된다.

60.2. 수익접근법에 따라 기업 및 기업 지분을 감정평가 하는 경우, *감정평가사*는 IVS 105 *감정평가 접근법과 감정평가방법*, 40 및 50의 규정을 준수한다.

60.3. 기업 및 기업 지분에 관련된 수익이나 현금흐름은 다양한 방법으로 측정될 수 있으며, 세전 혹은 세후를 기준으로 할 수 있다. 적용되는 환원율 또는 할인율은 사용된 수익이나 현금흐름의 유형에 *반드시 부합되어야* 한다.

60.4. 사용되는 수익이나 현금흐름은 평가되는 소유권 유형과 부합하여야 *한다*. 그 예는 다음과 같다.

(a) 일반적으로 기업가치는 부채상환비용 이전 현금흐름과 *가중* 평균자본비용 같은 기업 수준 현금흐름에 적용될 수 있는 적절한 *할인율*을 사용하여 도출한다.

(b) 주식가치는 자기자본, 즉 부채상환비용 후의 현금흐름과 자기자본 *비용*과 같은 자기자본 수준의 현금흐름에 적용될 수 있는 적절한 *할인율*을 사용하여 도출할 수 *있다*.

60.5. 수익접근법은 소득이나 현금흐름을 자본화 하는 환원율이나 현금흐름을 할인하는 할인율의 추정이 필요하다. 이 때, 이자율 수준과 유사한 투자에 대한 *참가자*들의 기대 수익률 및 예상 편익흐름에 내재된 위험과 같은 요소를 고려한다(IVS 105, *감정평가 접근법과 감정평가방법*, 50.29 - 50.31 참조).

60.6. 할인을 사용하는 감정평가 방법에서 예상 소득이나 현금흐름에 기대 성장이 명시적으로 고려될 수 *있다*. 자본화 방법에서 일반적으로 기대성장은 환원율에 반영한다. 명목 예상현금흐름을 사용하는 경우, 물가상승이나 물가하락에 의한 향후 물가변동에 대한 예측을 고려한 할인율을 적용한다. 실질 예상현금흐름을 사용한다면, 물가상승이나 물가하락에 따른 물가변동에 대한 예측은 고려하지 않은 할인율을 적용한다.

60.7. 수익접근법에서 기업의 과거 재무제표는 기업의 미래 소득이나 현금흐름을 예측하는 지표로 사용된다. 비율 분석을 통해 시간 경과에 따른 과거 추세를 결정하면 해당 산업 환경과 미래 성과에 대한 전망에 따라 기업 운영에 내재된 위험을 평가하는데 필요한 정보 제공에 도움이 될 수 *있다*.

60.8. 과거의 실제 현금흐름과 감정평가 기준시점에 기업 지분 매수인이 가지게 될 현금흐름과의 차이를 반영하기 위해 조정이 필요할 수 *있다*. 그 예는 다음과 같다.

(a) 향후 계속적 영업을 합리적으로 나타내는 수준으로 수입과 지출을 조정

(b) 일관된 기준에 따른 대상기업과 비교기업에 대한 재무자료 제시

(c) 사정이 개입된 거래(고객이나 공급업체와의 계약 등)를 시장 비율에 맞게 조정

(d) 시장 가격이나 시장 이율을 반영하기 위한 인건비 또는 특수관계자로부터 임대 또는 계약된 항목의 *비용* 조정

(e) 과거의 수입과 지출에 나타난 비반복적 사건의 영향을 반영. 비반복적 사건이란 파업, 신축 공장 가동, 기상 현상 등에 의한 손실 등이다. 다만, 예상 현금흐름은 합리적으로 예상되는 모든 비반복적 수입이나 지출과 미래 유사 사건 발생의 암시가 될 수 *있는* 과거 사건을 반영*한다*.

(f) 대상기업과 다른 기준을 적용하고 있을 수 있는 유사기업과의 비교를 위한, 또는 더 정확하게 경제현실을 반영하기 위한 재고자산 계정의 조정

60.9. 수익접근법 적용시 현금흐름 예측이나 *할인율* 적용에서 고려되지 않은 사항을 반영하기 위해서도 *감정평가*에 조정이 필요할 수 *있다*. 또한 평가 대상 지분의 시장성에 대한 조정이나 기업의 지배지분인지 비지배지분인지에 대한 조정이 필요할 수 *있다*. 다만, *감정평가사*는 *감정평가*에서의 조정이 현금흐름이나 할인율에 이미 반영된 요소를 반영하는 것이 아닌지 확인*한다*. 예를 들어, 평가 대상이 지배 지분인지 비지배지분인지 여부는 종종 예측 현금흐름에 이미 반영된다.

60.10. 많은 기업이 단일 현금흐름 시나리오를 적용하여 평가될 수 *있지만*, 미래 현금흐름에 대한 금액과 시기에 대한 *상당한* 불확실성이 있는 경우 특히, *감정평가사*는 다중 시나리오 또는 시뮬레이션 모델을 적용할 수 *있다*.

## 70. 비용접근법

70.1. 기업 및 기업 지분이라는 *자산*이 IVS 105, *감정평가 접근법과 감정평가방법*, 70.2 또는 70.3의 규정을 거의 충족하지 않아 비용접근법은 일반적으로 기업 및 기업 지분 *감정평가*에 적용할 수 없다. 다만, 특히 다음과 같은 경우에 기업 *감정평가*에 적용하기도 한다.

(a) 기업이 설립 초기 단계에 있거나 신생기업으로 이익이나 현금흐름을 안정적으로 결정할 수 없고 시장접근법에 따른 다른 기업과의 비교가 비현실적이거나 신뢰할 수 없는 경우

(b) 기업이 투자회사나 지주회사로서 IVS, *감정평가 접근법과 감정평가방법*, 70.8 - 70.9에 명시된 합산법이 적용되는 경우

(c) 기업이 계속기업에 해당되지 않고 청산 시 *자산 가치*가 계속기업으로서의 *기업가치*를 초과할 수 있는 경우

70.2. 기업 및 기업 지분을 비용접근법에 의해 평가하는 경우, *감정평가사*는 IVS 105, *감정평가 접근법과 감정평가방법*, 70 및 80의 규정을 준수한다.

## 80. 기업 및 기업 지분에 대한 특별 고려사항

80.1. 다음은 기업 및 기업 지분의 감정평가 와 관련된 개략적인 목록이다.

(a) 소유권(90)
(b) 기업 정보(100)
(c) 경제와 산업에 대한 고려사항(110)
(d) 영업용 자산과 비영업용 자산(120)
(e) 자본 구조와 고려사항(130)

## 90. 소유권

90.1. 개인 기업이거나, 법인이거나, 또는 제휴 회사이거나 그 형식에 관계없이 소유권에 부가된 권리, 특권 또는 조건은 감정평가 과정에서 고려되어야 한다. 소유권은 일반적으로 정관, 사업 각서 조항, 회사 정관, 내규, 제휴 계약 및 주주 합의(통칭, "기업 문서")와 같은 법적 문서에 의해 *관할권* 내에서 정의된다. 어떤 상황에서는 법적 소유권과 수익적 소유권을 구분할 필요가 있을 수 *있다.*

90.2. 기업문서에는 *가치*에 관련된 소유권 이전 제한이나 기타 조항이 포함될 수 *있다.* 예를 들어, 기업문서에는 소유권이 지배지분이든 비지배지분이든 관계없이 지분이 발행된 전체 주식 자본의 비율에 따라 평가*한다*고 규정하고 있을 수 *있다*. 각각의 경우에, 평가되는 소유권과 다른 종류의 소유권에 부가된 권리는 처음부터 고려해야 한다.

90.3. 소유권에 내재된 권리, 의무와 특정 주주에게만 적용될 수 있는 권리, 의무(즉, 현재 주주들 사이에 합의된 권리, 의무가 소유권의 잠정 매수인에게는 적용되지 않을 수 *있다*)를 구별하기 위해 주의를 기울여야 *한다*. 적용된 *기준가치*에 따라, *감정평가사*는 대상 소유권의 고유한 권리, 의무만 고려하거나, 대상 소유권에 내재된 권리와 고려사항 및 특정 소유자에게 적용되는 권리와 고려사항 모두를 고려해야 할 수 *있다*.

90.4. *감정평가*에서는 다음을 포함한 대상 기업이나 기업 지분에 관련된 모든 권리와 우선권을 고려*한다*.

(a) 여러 종류의 주식이 있는 경우, *감정평가*는 다음을 포함하되 이에 국한되지 않는 각각 다른 종류의 권리를 고려*한다*.
1. 청산 우선권
2. 의결권

3. 상환권, 전환권, 참여권 조항
4. 풋옵션 및 콜옵션

(b) 기업의 지배지분이 비지배지분보다 더 높은 *가치*를 가질 수 있는 경우, 적용되는 감정평가 방법에 따라 지배 프리미엄이나 지배권 결여에 대한 할인이 적절할 수 있다(IVS 105, *감정평가 접근법과 감정평가방법*, 30.17.(b) 참조). 완료된 거래에서 지급된 실제 프리미엄과 관련하여, *감정평가사*는 해당 프리미엄을 지불하게 한 시너지나 그 외 요소가 대상 *자산*에 비교 가능한 수준으로 적용될 수 있는지 고려*한다*.

## 100. 기업 정보

100.1. 기업이나 지분에 대한 *감정평가*는 흔히 경영진, 경영진의 대표 또는 다른 전문가로부터 받은 정보에 의존한다. IVS 105, *감정평가 접근법과 감정평가방법*, 10.7에 규정에 따라 *감정평가사*는 반드시 경영진, 경영진의 대표 또는 다른 전문가로부터 받은 정보의 합리성을 검토하고 감정평가 *목적* 상 해당 정보를 활용하는 것이 적절한지 판단*해야* 한다. 예를 들어, 경영진이 제시한 예상 재무 정보는 *참가자* 관점을 규정하고 있는 *기준가치*를 적용할 때는 부적절할 수 있는 특정 소유자와의 시너지를 반영한 것일 수 있다.

100.2. 특정 일자 당시의 *가치*는 미래 소유권의 예상 수익을 반영하지만, 기업의 이력은 미래 기대치에 대한 지침을 제공할 수 *있다*는 점에서 유용하다. 따라서 *감정평가사*는 기업의 과거 재무제표를 감정평가 업무의 일부로 고려*한다*. 기업의 미래 성과가 과거 실적에서 *상당히* 벗어날 것으로 예상되는 경우, *감정평가사*는 과거 실적이 기업의 미래 예상치를 나타내지 않는 이유를 *반드시* 파악*해야* 한다.

## 110. 경제와 산업에 대한 고려사항

110.1. 관련 경제 발전과 특정 산업 동향에 대한 이해는 모든 *감정평가*에서 필수적이다. 정치적 전망, 정부 정책, 환율, 물가상승, 금리, 시장 활동과 같은 문제는 경제의 다른 위치 또는 부문에 있는 *자산*에 전혀 다르게 영향을 미칠 수 *있다*. 기업은 여러 소재지와 다양한 운영 방식으로 이루어진 복잡한 구조를 가질 수 *있으므로*, 이러한 요소들은 기업 및 기업 지분의 *감정평가*에서 특히 중요할 수 있다. 예를 들어, 기업은 다음과 관련된 경제 및 산업 요인의 영향을 받을 수 있다.

(a) 기업 본사의 등록 위치와 기업의 법적 형태
(b) 기업 운영의 특성 및 기업의 각 부문이 수행되는 곳(즉, 제조는 연구개발이 수행되는 곳과 다른 위치에서 수행될 수 있다)
(c) 기업의 상품이나 서비스를 판매하는 곳
(d) 기업이 사용하는 통화

(e) 기업의 공급자가 위치하는 곳
(f) 기업에 적용되는 세금 및 법적 *관할권*

## 120. 영업용 자산과 비영업용 자산

120.1. 기업의 소유 지분 *감정평가*는 특정 시점에서 기업의 재무상태와 관련된 경우에만 의미가 있다. 기업의 *자산*과 부채의 성격을 이해하는 것과 감정평가 기준시점에서 기업이 수익을 창출하는 영업에 사용하기 위해 필요한 항목 및 과잉 또는 "초과"되는 항목을 결정하는 것이 중요하다.

120.2. 대부분의 감정평가 방법은 기업 운영에 필요하지 않은 *자산*의 *가치*를 반영하지 않는다. 예를 들어, EBITDA의 비율을 사용하여 평가한 기업은 해당 EBITDA 수준을 만드는데 사용된 *자산*의 *가치*만 반영할 것이다. 유휴 제조 공장과 같은 비영업용 *자산*이나 부채가 있다면, 해당 비영업용 공장의 *가치*는 기업의 *가치*에 반영되지 않는다. 해당 감정평가 업무의 적절한 *가치* 수준에 따라(20.3 참조), 비영업용 *자산*의 *가치*는 별개로 판단하여 기업의 영업용 자산 가치에 추가해야 할 수도 *있다*.

120.3. 기업은 대차대조표에 반영되지 않은 미등록 *자산*이나 부채를 가지고 있을 수 *있다*. 이러한 *자산*에는 무형*자산*, 완전히 감가상각 된 기계 설비 및 법적 책임/소송이 포함될 수 *있다*.

120.4. 비영업용 *자산*이나 부채를 별개로 고려할 경우, *감정평가사*는 비영업용 *자산*과 관련된 소득과 비용이 *감정평가*에 사용된 현금흐름 계산과 추정에서 제외되도록 *한다*. 예를 들어, 기업에 과소 적립된 연금과 관련된 *상당한* 부채가 있고, 해당 부채가 별개로 평가되는 경우, 그 기업의 *감정평가*에서 사용되는 현금흐름에서 해당 부채와 관련되어 향후 지급되어야 하는 금액은 제외*한다*.

120.5. *감정평가*에서 상장기업의 정보를 활용할 때, 비영업용*자산*이 있다면 거래 주식 가격은 그 *가치*를 암묵적으로 포함하게 된다. 이런 경우, *감정평가사*는 비영업용 *자산*과 관련된 *가치*, 소득 및 비용을 제외하기 위해 상장기업의 자료를 수정하는 것을 반드시 고려*해야* 한다.

## 130. 자본 구조와 고려사항

130.1. 기업은 흔히 부채와 자본의 조합을 통해 자금을 조달한다. 하지만 많은 *경우에 감정평가사*는 자본에 대해서만, 또는 특정 지분에 대해서만, 아니면 다른 형태의 소유지분에 대한 평가의뢰를 받는다.

자본이나 특정 유형의 지분은 경우에 따라 직접 평가될 수 있으나, 그보다는 기업가치가 결정된 후 그 *가치*가 여러 부채와 자본에 배분되는 경우가 더 많다.

130.2. *감정평가사*가 감정평가 의뢰를 받는 *자산*에는 여러 유형의 소유권이 있으며, 그 개략적인 목록은 다음과 같다.

(a) 채권
(b) 전환사채

(c) 특정 주주지분

(d) 소수지분

(e) 보통주

(f) 우선주

(g) 옵션

(h) 신주인수권

130.3. *감정평가사*가 지분 평가만 의뢰받거나, 전체 기업가치를 여러 부채와 자본에 어떻게 배분할지 결정하는 것에 대해 의뢰받는 경우, *감정평가사*는 *반드시* 각 유형의 부채 및 자본과 관련된 다양한 권리와 우선권을 결정하고 고려*해야* 한다. 권리와 우선권은 크게 경제적 권리와 지배적 권리로 분류될 수 있다.

그러한 권리와 옵션의 개략적인 목록은 다음을 포함할 수 *있다.*

(a) 배당금 또는 우선 배당권

(b) 잔여재산 분배우선권

(c) 의결권

(d) 상환권

(e) 전환청구권

(f) 참여권

(g) 지분 희석방지권

(h) 등록권

(i) 풋옵션/콜옵션 권한.

130.4. 보통주와 단순 부채 구조(채권, 대출 및 당좌대월 등)만 포함하는 단순 자본 구조의 경우, 부채의 *가치*를 직접 추정하고 그 *가치*를 기업 가치에서 차감한 후 잔존 자기자본 가치를 전체 보통주에 비율대로 배분하여 기업 내 모든 보통주의 *가치*를 추정할 수 *있다*. 이 방법이 자본구조가 단순한 모든 기업에 적합한 것은 아니며, 예를 들어 부실 기업이나 레버리지 비율이 높은 기업에는 적합하지 않을 수 *있다*.

130.5. 자본구조가 복잡한 경우, 보통주 외의 자본 형태를 포함하므로, *감정평가사*는 합리적인 방법으로 자본 또는 특정 유형의 자본 *가치*를 산출할 수 있다. 이때 일반적으로 기업가치가 결정된 후, 그 *가치*가 여러 유형의 부채와 자본에 배분된다. *감정평가사*가 이러한 경우에 활용할 수 있는 세 가지 방법은 다음과 같다.

(a) 현재가치법(CVM: current value method)

(b) 옵션가격결정법(OPM: option pricing method)

(c) 확률가중 기대수익률법
(PWERM: probability-*weighted* expected return method)

130.6. 현재가치법은 미래 전망을 고려하지 않지만, 옵션가격결정법과 확률가중 기대수익률법은 다양한 미래 결과를 가정하여 *가치*를 추정한다. 확률가중 기대수익률법은 미래 사건에 대한 개별 가정에 의존하며, 옵션가격결정법은 현재 가치에 로그 정규분포를 사용하여 미래의 결과 분포를 추정한다.

130.7. 복잡한 자본 구조를 가진 초기 단계 기업의 경우 특히, *감정평가사*는 "투자 전"과 "투자 후" 감정평가 간의 잠재적 차이를 고려*한다*. 예를 들어 현금유입(즉, "투자 후 감정평가")은 기업의 전반적인 위험도와 주식 유형간 상대적 가치 배분에도 영향을 미칠 수 *있다.*

130.8. *감정평가사*는 대상 자본이나 특정 유형 자본에 대한 최근 거래를 고려하고, 해당 *감정평가*에 대한 가정이 투자 구조의 변화와 시장 상황의 변동을 반영하여 업데이트된 것인지 확인*한다*.

*현재가치법 (CVM: Current Value Method)*

130.9. 현재가치법은 기업의 즉시 매각을 가정하여 다양한 부채와 자본 증권에 기업가치를 배분한다. 현재가치법에서 채권자나 부채 등가 증권에 대한 의무는 기업가치에서 우선 공제하여 잔여 자기자본 가치를 산출한다(*감정평가사*는 기업가치에 현금이 포함되었는지 여부와 그에 따른 배분 목적의 총부채 또는 순부채의 활용을 고려*한다*). 그 후 *가치*는 일련의 청산 우선권이나 전환 가치 중 더 큰 값에 따라 다양한 유형의 우선주에 배분된다. 마지막으로 모든 잔존가치는 보통주, 옵션, 신주인수권에 배분된다.

130.10. 현재가치법의 한계는 미래 전망에 대한 고려가 없어, 다양한 주식 유형에 대한 옵션과 같은 보상을 고려하지 않는다는 것이다.

130.11. 현재가치법은 1) 기업의 유동성 행사가 임박한 경우, 2) 기업이 설립 초기 단계에 있어서 우선주에 대한 청산 우선권 이상의 보통주 가치가 생성되지 않은 경우, 3) 기업의 사업 계획에 실질적인 진척이 없는 경우, 4) 미래에 창출 될 수 있는 청산 우선권 이상의 *가치*에 대한 가액과 시기를 추정하기 위한 합리적인 근거가 없는 경우에만 적용*한다.*

130.12. *감정평가사*는 논리적 근거 없이 부채나 부채 유사 증권의 *가치*와 장부 가치가 동일하다고 가정하지 않아야 *한다.*

*옵션가격결정법 (OPM: Option Pricing Method)*

130.13. 옵션가격결정법은 각 주식 유형을 기업의 현금흐름에 대한 옵션으로 간주하여 서로 다른 주식 유형을 평가한다. 옵션가격결정법은 전환 우선주, 경영 인센티브 조항, 옵션, 또는 특정 청산 우선권이 있는 기타 유형의 주식 등 다양한 유형의 주식에 대한 지불금이 총자본 가치의 다양한 수준으로 변동되는 자본구조에 흔히 적용된다. 옵션가격결정법은 부채를 포함한 기업가치에 대해 적용*하거나* 부채를 제외 후 자본 기준으로 적용할 수 *있다.*

130.14. 옵션가격결정법은 주식의 상환 우선 수준, 배당 정책, 전환 비율 및 현금 배당을 포함하여 유동성 행사 시 각 자본 유형에 대한 분배에 영향을 미칠 수 있는 다양한 주주약정을 고려한다.

130.15. 옵션가격결정법은 *자산*의 총자본 *가치*에서 시작된다. 그런 다음 옵션가격결정법을 적용하여 자본 증권에 총자본 가치를 배분한다.

130.16. 옵션가격결정법(또는 관련 혼합 방법)은 미래의 구체적 유동성 행사를 예측하기 어렵거나 기업이 설립 초기 단계에 있는 상황에 적합하다.

130.17. 옵션가격결정법은 특정 가치 기준점 이상의 분배와 관련된 *가치*를 결정할 때 흔히 블랙-숄즈(Black-Scholes) 옵션 가격 모형을 사용한다.

130.18. 옵션가격결정법을 적용할 때, *감정평가사*가 수행하는 개략적인 단계는 다음과 같다.

(a) *자산*의 총자본 가치를 결정한다.

(b) 현금 배분에 영향을 미치는 관련 증권에 부가된 청산 우선권, 우선 배당 발생, 전환 가격 및 기타 특성을 파악한다.

(c) 청산 우선권과 전환 가격이 결정되는 다양한 총자본 가치 결정점(경계점)을 결정한다.

(d) 블랙-숄즈(Black-Scholes) 모형에 대한 입력 값을 결정한다.
1) 옵션가격결정법에 대한 합리적인 시간 범위를 결정한다.
2) 결정된 시간 범위에 상응하는 무위험이자율을 결정한다.
3) *자산*의 자기 자본에 대한 적절한 변동성 계수를 결정한다.
4) 예상 배당 수익률을 결정한다.

(e) 다양한 콜옵션에 대한 *가치*를 산출하고, 각 경계점 사이에 배분되는 *가치*를 결정한다.

(f) 산출된 경계점 간의 각 구간에서 각 주식 유형에 대한 상대적 할당 값을 결정한다.

(g) 위 (f) 단계에서 결정된 할당 값과 (e)단계에서 결정된 *가치*를 기준으로 주식 유형 간의 경계점(콜옵션으로 산출) 사이의 *가치*를 배분한다.

(h) *기준가치*에 따라 필요한 경우 주식 유형에 대한 추가 조정을 고려한다. 예를 들어, 할인이나 할증을 적용하는 것이 적절할 수 *있다*.

130.19. 적절한 변동성 가정을 결정할 때, *감정평가사*는 다음을 고려한다.

    1) 비교 대상 기업에서 관찰된 내용과 비교하여 *자산*의 개발 단계와 변동성에 대한 상대적 영향
    2) *자산*의 상대적 재무 레버리지

130.20. 위에서 논한 방법 외에도 옵션가격결정법은 개별 증권에 대해 알려진 가격이 있는 경우 총자본 *가치*를 역산하는데 사용될 수 있다. 역산 분석에 대한 입력 값은 위와 동일하다. 그런 다음 *감정평가사*는 총자본 *가치*를 변경하여 알려진 주식 *가격*을 산출한다. 이 역산 방법은 다른 모든 지분 증권에 대한 *가치*도 제시한다.

### *확률가중기대수익률법*
*(PWERM: Probability-Weighted Expected Return Method)*

130.21. 확률*가중* 기대수익률법에서는 다양한 미래 결과를 가정하여 *자산*의 미래 *가치*에 대한 분석을 바탕으로 다양한 지분 증권의 *가치*를 추정한다. 주식 가치는 해당 *자산*에 대한 가능한 미래 결과와 주식 유형별 권리 및 우선권을 고려한 미래 기대 투자 수익의 확률 *가중* 현재 가치를 기반으로 한다.

130.22. 일반적으로 확률*가중* 기대수익률법은 기업에 대한 투자 자금 회수가 가까워지고 추가 자금 조달 계획이 없는 경우에 사용한다.

130.23. 확률*가중* 기대수익률법을 적용할 때, *감정평가사*가 수행하는 개략적인 단계는 다음과 같다.
    (a) *자산*에 대해 발생할 수 있는 가능한 미래의 결과를 파악한다.
    (b) 각 결과에 따라 *자산*의 미래 가치를 추정한다.
    (c) 각 가능한 결과에 따라 *자산*의 추정 미래 가치를 부채와 자본 각 유형에 배분한다.
    (d) 위험 조정 할인율로 부채와 자본 각 유형에 배분된 기대가치를 현재가치로 할인한다.
    (e) 부채와 자본의 각 유형에 대한 예상 미래 확률 *가중* 현금흐름을 추정하기 위해 각각의 확률로 가능한 각 결과에 *가중치*를 부여한다.
    (f) *기준가치*에 따라 필요한 경우 주식 유형에 대한 추가 조정을 고려한다. 예를 들어, 할인이나 할증을 적용하는 것이 적절할 수 있다.

130.24. *감정평가사*는 기업의 전반적인 *감정평가*가 합리적인지 확인하기 위해 미래의 투자 자금 회수 가치의 확률 가중 현재 가치를 전체 *자산* 가치로 조정한다.

130.25. *감정평가사*는 하나 이상의 확률 *가중* 시나리오 내에서 *가치* 배분을 예측하는 옵션가격결정법을 사용하여 혼합 방식을 만들기 위해 옵션가격결정법의 요소를 확률*가중* 기대수익률법과 결합할 수 있다.

## IVS 210 무형자산

| 목차 | |
|---|---|
| 개요 | 10 |
| 소개 | 20 |
| 기준가치 | 30 |
| 감정평가 접근법과 감정평가방법 | 40 |
| 시장접근법 | 50 |
| 수익접근법 | 60 |
| 비용접근법 | 70 |
| 무형자산에 대한 특별 고려사항 | 80 |
| 무형자산의 할인율/수익률 | 90 |
| 무형자산의 경제적 내용연수 | 100 |
| 감가상각 절세 효과(TAB: Tax Amortization Benefit) | 110 |

### 10. 개요

10.1. 일반기준에 포함된 규정은 무형자산의 *감정평가*와 무형자산 구성요소를 사용한 *감정평가*에도 적용된다. 이 장에서는 무형자산의 *감정평가*에 적용되는 추가 요건을 설명한다.

### 20. 소개

20.1. 무형*자산*은 경제적 자산으로 표시되는 비화폐성 *자산*이다. 물리적 실체는 없으나 소유자에게 권리 및 경제적 이익을 부여한다.

20.2. 특정 무형자산은 소유권, 기능, 시장 지위 및 이미지와 같은 특징으로 정의되고 설명된다. 이러한 특징으로 무형자산을 구별한다.

20.3. 무형자산에는 여러 유형이 있지만, 흔히 다음 항목(또는 영업권) 중 하나 이상에 해당하는 것으로 본다.

(a) 마케팅 관련: 마케팅 관련 무형자산은 주로 상품이나 서비스 마케팅 또는 홍보에 사용된다. 그 예로는 상표권, 상표명, 고유한 상표 디자인 및 인터넷 도메인 이름 등이 있다.

(b) 고객 관련: 고객 관련 무형자산은 고객 목록, 주문 재고, 고객과의 계약, 계약적 및 비계약적 고객 관계를 포함한다.

(c) 예술 관련: 예술 관련 무형자산은 연극, 책, 영화, 음악 등 예술 작품의 수익에 대한 권리와 비계약적 저작권 보호에서 비롯된다.

(d) 계약 관련: 계약 관련 무형자산은 계약상 약정에서 생기는 권리의 *가치*를 나타

낸다. 그 예로는 라이선싱, 사용료 계약, 서비스 또는 공급 계약, 임대 계약, 허가, 방송권, 서비스 계약, 고용 계약, 비경쟁 계약, 천연자원권 등이 있다.

(e) 기술 기반: 기술 기반 무형자산은 특허 기술, 비특허 기술, 데이터베이스, 수식, 디자인, 소프트웨어, 프로세스, 레시피 등을 사용할 계약적 또는 비계약적 권리에서 비롯된다.

20.4. 동일 항목의 유사한 무형자산이 서로 일부 특성을 공유하더라도, 무형*자산* 유형에 따라 달라지는 상이한 특성을 갖기도 한다. 또한 브랜드 같은 특정 무형자산은 20.3의 항목이 혼합되어 나타날 수 *있다*.

20.5. 특히 무형*자산*을 평가할 때 *감정평가사*는 구체적인 평가 대상과 *감정평가의 목적*을 *반드시* 이해*해야* 한다. 예를 들어, 고객 자료(이름, 주소 등)는 일반적으로 고객계약(감정평가 기준시점에 유효한 계약)과 고객 관계(기존 및 미래 계약을 포함한 지속적인 고객 관계에 대한 *가치*)와는 매우 다른 가치를 갖는다. 어떤 무형자산을 평가하고, 그 무형자산을 어떻게 정의하는 가는 *감정평가의 목적*에 따라 다를 수 *있으며*, 무형자산을 어떻게 정의하는 가에 따른 차이는 *상당한 가치*의 차이로 이어질 수 있다.

20.6. 일반적으로 영업권은 기업, 기업에 대한 지분, 또는 다른 *자산*과 별개로 인식되지 않는 일단의 *자산* 사용으로 인해 발생하는 모든 미래의 경제적 이득이다. 영업권의 *가치*는 실제 또는 잠재적 채무를 조정하여 확인 가능한 모든 유형*자산*, 무형*자산* 및 화폐성 *자산의 가치*를 기업 *가치*에서 차감 후 남은 잔존 가액으로 측정한다. 흔히 실제 또는 가상의 기업 인수에서, 확인된 기업의 *자산* 및 채무의 *가치*보다 초과 지불된 가액으로 표시한다. 일부 목적 상 영업권은 이전 가능한 영업권(제3자에게 이전할 수 있는)과 이전 불능 영업권 또는 "개인적" 영업권으로 더 구분하여야 할 수 *있다*.

20.7. 영업권 가액은 인식되는 유형 및 무형 자산에 따라 달라지므로, 그 *가치*는 목적에 따라 다르게 산출될 수 있다. 예를 들어, IFRS 또는 미국 GAAP에 따라 회계 처리되는 사업 결합에서 무형*자산*은 다음과 같은 경우에만 인식한다.

(a) 기업의 의도와 상관없이, 개별적으로 또는 관련 계약이나 식별 가능한 *자산* 또는 채무와 함께 기업에서 분리되거나 분할되어 매각, 이전, 허가, 임대, 교환될 수 있는 분리 가능성이 있는 경우

(b) 기업으로부터 이전 가능하거나 분리될 수 있는지 여부와 관계없이, 계약상 권리나 법적 권리로부터 또는 다른 권리나 의무로부터 발생한 경우

20.8. 영업권의 양상은 *감정평가*의 *목적*에 따라 다양할 수 있으나, 흔히 다음과 같은 요소를 포함한다.

(a) 둘 이상의 기업 결합에서 발생하는 기업 특유의 시너지(예, 운영 비용 절감, 규모의 경제 또는 상품 혼합 활동)

(b) 기업을 새로운 다른 시장으로 확장할 기회

(c) 집합적 노동력에 의한 이익(그러나 해당 노동력 구성원에 의해 개발된 지적 재산은 아닌)

(d) 신규 고객 및 미래 기술과 같은 미래 *자산*에서 파생되는 효익

(e) 집합 및 계속 기업 가치

20.9. *감정평가사*는 무형자산의 *가치*가 분석의 *목적*이거나 일부인 경우 무형자산을 직접 *감정평가* 할 수 있다. 그러나, 기업 및 기업 지분, 부동산, 기계 및 설비를 *감정평가* 할 때, *감정평가사*는 해당 자산과 관련된 무형자산이 있는지 여부와 평가 대상 *자산*에 직간접적으로 영향을 미치는지 여부를 고려*한다*. 예를 들어, 수익접근법에 따라 호텔을 *감정평가*하는 경우, 호텔 브랜드의 *가치*에 대한 기여도는 호텔에서 발생하는 수익에 이미 반영되었을 수 *있다*.

20.10. 무형*자산* 감정평가는 다양한 *목적*으로 수행된다. *감정평가* 목적과 무형자산이 별도로 평가되어야 *하는지* 또는 다른 *자산*과 함께 평가되어야 *하는지*를 판단하는 것은 *감정평가사*의 책임이다. 일반적으로 무형*자산* 감정평가 요소를 포함하는 경우는 다음과 같다.

(a) 재무 보고 *목적*을 위해 흔히 기업 결합, *자산* 인수, 매각, 손상 분석에 대한 회계와 관련하여 무형자산 *감정평가*가 요구된다.

(b) 세무 신고 *목적*을 위해 흔히 이전 가격 분석, 유산 및 증여세 계획과 신고, 종가세 분석에서 무형*자산* 감정평가가 필요하다.

(c) 무형자산은 주주 분쟁, 손실 계산 및 혼인 해제(이혼)와 같은 상황에서 감정평가 분석을 요구하는 소송의 대상일 수 *있다*.

(d) 기타 법적 또는 규제적 사건은 강제 매각/수용 절차 등에서 무형자산 *감정평가*를 요구할 수 *있다*.

(e) *감정평가사*는 일반 컨설팅, 담보 대출 및 거래 지원 등의 일환으로 무형자산 감정평가를 종종 의뢰받는다.

## 30. 기준가치

30.1. IVS 104 *기준가치*에 따라, *감정평가사*는 무형자산 감정평가시 *반드시* 적절한 *기준가치*를 선정*해야* 한다.

30.2. 종종 무형자산 감정평가는 국제감정평가기준위원회(몇 가지 사례가 IVS 104 *기준가치*에 설명되어 있다)가 아닌 조직/기구가 정의한 *기준가치*를 적용하여 이루어지

며, *감정평가사*는 감정평가 기준시점 당시의 해당 *기준가치*에 관련된 규정, 판례 및 기타 해석 지침을 *반드시* 이해하고 준수*해야* 한다.

### 40. 감정평가 접근법과 감정평가방법

40.1. IVS 105, *감정평가 접근법과 감정평가방법*에 설명된 세가지 주요 감정평가 접근법이 무형자산 *감정평가*에 적용될 수 있다.

40.2. 감정평가 접근법과 감정평가방법을 선정할 때, *감정평가사*는 반드시 이 기준의 요건 외에도 10.3를 포함하여 IVS 105, *감정평가 접근법*의 규정을 준수*해야* 한다.

### 50. 시장접근법

50.1. 시장접근법에 따르면, 무형*자산*의 *가치*는 시장 활동(예, 동일 또는 유사한 *자산*이 관련된 거래)에 따라 결정된다.

50.2. 무형자산과 관련된 거래는 흔히 무형자산을 포함한 기업 결합과 같은 다른 *자산*도 포함한다.

50.3. *감정평가사*는 무형자산 *감정평가*에 시장접근법을 적용할지 여부를 결정할 때, IVS 105의 20.2 및 20.3를 *반드시* 준수*해야* 한다. 또한, *감정평가사*는 다음 기준이 모두 충족되는 경우에만 무형자산 감정평가에 시장접근법을 적용*한다.*

(a) 감정평가 기준시점 또는 그 가까운 시기에 동일 또는 유사한 무형자산과 관련된 정상 거래에 대한 정보가 있는 경우

(b) *감정평가사*가 대상 무형*자산*과 해당 거래에 포함된 무형*자산*과의 모든 *상당한* 차이를 조정할 수 있도록 충분한 정보가 있는 경우

50.4. 무형자산의 이질적 특성과 무형자산이 다른 *자산*과 별개로 거래되는 경우가 거의 없다는 사실은 동일한 *자산*과 관련된 거래에 대한 시장 증거를 찾는 것이 거의 불가능하다는 것을 의미한다. 시장 증거가 있더라도, 대개 유사하지만 동일하지 않은 *자산*에 관한 것이다.

50.5. *가격*이나 감정평가 배율에 대한 자료가 있는 경우, *감정평가사*는 대상 *자산*과 거래에 포함된 무형자산의 차이를 반영하기 위해 이를 조정*한다.* 이러한 조정은 대상 무형*자산*과 거래에 관련된 *자산*의 상이한 특성을 반영하기 위해 필요하다. 이 때의 조정은 정량적 수준이 아닌 정성적 수준에서만 결정될 수 *있다.* 다만, *상당한* 정성적 조정은 해당 *감정평가*에 다른 접근방법이 더 적합하다는 것을 나타내는 것일 수 *있다.*

50.6. 위와 같은 맥락에서, 시장접근법이 사용되는 무형자산의 예는 다음과 같다.

(a) 방송 주파수
(b) 인터넷 도메인 이름
(c) 택시 면허

50.7. 일반적으로 기준거래법은 무형자산에 적용할 수 있는 유일한 시장접근법이다.

50.8. 드물게 대상 무형*자산*과 충분히 유사한 증권이 공개 거래될 수 있는 경우, 유사 상장기업 비교법을 사용할 수 있다. 특정 상품이나 기술의 성과에 관련된 조건부 가치 권리(CVRs: contingent value rights)가 이러한 증권의 한가지 예이다.

### 60. 수익접근법

60.1. 수익접근법에서 무형*자산*의 *가치*는 그 경제적 수명동안 무형*자산*에서 기인하는 수익, 현금흐름 또는 비용 절감의 현재 가치를 참고하여 결정한다.

60.2. 수익접근법에 따라 무형자산을 *감정평가* 하는 경우, *감정평가사*는 IVS 105 *감정평가 접근법과 감정평가방법*, 40.2 및 40.3의 규정을 반드시 준수해야 한다.

60.3. 무형자산과 관련된 수익은 흔히 재화나 서비스에 지불된 가격에 포함된다. 해당 무형*자산*과 관련된 소득을 다른 유무형 자산에 관련된 소득에서 분리하는 것은 어려울 수 *있다*. 많은 수익접근법이 대상 무형*자산*과 관련된 경제적 효익을 분리하도록 설계되었다.

60.4. 수익접근법은 무형자산 *감정평가*에 적용되는 가장 일반적인 방법이며, 다음을 포함한 무형자산을 평가하는데 흔히 활용된다.

(a) 기술
(b) 고객 관련 무형자산(예, 주문 재고, 계약, 관계)
(c) 상표명/상표/브랜드
(d) 운영 허가(예, 프랜차이즈 계약, 게임 라이선스, 방송 주파수)
(e) 비경쟁 계약

*수익접근법의 방법*

60.5. 수익접근법에 의한 감정평가 방법은 여러가지가 있다. 이 장에서는 다음 방법을 자세히 설명한다.

(a) 초과이익법(excess earnings method)
(b) 로열티면제법(relief-from-royalty method)
(c) 할증이윤법(premium profit method) 또는 WWM (with-and-without method)
(d) 설립접근법(greenfield method)
(e) 배분법(distributor method)

*초과이익법(Excess Earnings Method)*

60.6. 초과이익법은 현금흐름을 창출하는데 필요한 다른 자산 ("기여*자산*")에 귀속되는 현금흐름 비율을 제외하고 대상 무형*자산*에 귀속되는 현금흐름의 현재가치로 무형*자*

*산*의 *가치*를 추정한다. 인수자가 기업에 대해 지불한 전체 가격을 유형*자산*, 식별 가능한 무형*자산* 및 영업권에 배분하도록 요구하는 *감정평가*에서 흔히 사용된다.

60.7. 기여*자산*은 대상 무형*자산*과 관련된 예상 현금흐름의 실현을 위해 대상 무형*자산*과 함께 사용되는 *자산*이다. 대상 무형*자산*과 관련된 예상 현금흐름에 기여하지 않는 *자산*은 기여*자산*이 아니다.

60.8. 초과이익법은 여러 기간의 예상 현금흐름("다기간 초과이익법(multi-period excess earnings method)" 또는 "MPEEM"), 단일 기간의 예상 현금흐름("단일 기간 초과이익법(single-period excess earnings method)"), 또는 단일 기간 예상 현금흐름의 자본화("초과이익 환원법(capitalised excess earnings method)" 또는 "포뮬러법(formula method)")를 활용하여 적용할 수 있다.

60.9. 초과이익 환원법이나 포뮬러법은 일반적으로 무형*자산*이 안정적인 성장률/쇠퇴율, 일정한 이익률, 일관된 기여*자산* 수준/부담을 갖는 안정적인 상태에서 운영되는 경우에만 적합하다.

60.10. 대부분의 무형자산은 한 기간을 초과하는 경제적 내용연수를 가지며, 흔히 비선형 성장/쇠퇴 형태를 나타내고, 시간의 경과에 따라 다른 수준의 기여*자산*이 필요할 수 있으므로, *감정평가사*가 관련 자료 등에 대한 변화를 명시적으로 예측할 수 있어 가장 유연한 다기간 초과이익법이 가장 일반적으로 사용되는 초과이익법이다.

60.11. 단일 기간 초과이익법, 다기간 초과이익법, 혹은 초과이익환원법 중 어느 방법을 적용하더라도, 초과이익법을 적용하는 주요 단계는 다음과 같다.

(a) 대상 무형*자산*과 관련 기여*자산*에서 창출되는 미래 수익의 금액과 시기를 예측한다.

(b) 대상 무형*자산*과 관련 기여*자산*에서 수익을 창출하기 위해 필요한 지출 금액과 시기를 예측한다.

(c) 예상 수익 및 비용을 창출하는데 필요하지 않은 새로운 무형자산 생성에 관련된 비용을 제외하도록 조정한다. 초과이익법에서의 이익률이 전체 기업의 이익률보다 높을 수 *있는데*, 이는 초과이익법이 특정 신규 무형*자산*에 대한 투자를 제외하기 때문이다. 그 예는 다음과 같다.

1. 기존 기술만 *감정평가* 하는 경우, 신기술 개발과 관련된 연구개발비는 필요하지 않을 수 있다.

2. 기존 고객 관련 무형자산을 평가하는 경우, 신규 고객 확보와 관련된 마케팅 비용은 필요하지 않을 수 있다.

(d) 예상 수익과 비용을 달성하는데 필요한 기여*자산*을 확인한다. 기여*자산*은 흔히 대상 무형*자산* 외의 운전자본, 고정 *자산*, 집합적 노동력, 그 외 확인된 무형자산을 포함한다.

(e) 해당 *자산*과 관련된 위험 평가에 기반하여 각 기여*자산*에 대한 적절한 수익률을 결정한다. 예를 들어, 운전자본과 같은 저위험 *자산*은 보통 상대적으로 낮은 요구 수익률을 갖는다. 기여 무형자산과 고도로 전문화된 기계설비는 흔히 상대적으로 높은 수익률을 요구한다.

(f) 대상 무형*자산*에만 귀속되는 초과 이익을 산출하기 위해 각 예측 기간의 예상이익에서 기여*자산*에 대한 요구 수익을 차감한다.

(g) 대상 무형*자산*과 현재 가치에 대한 적절한 *할인율*을 결정하거나 초과이익을 환원한다.

(h) 해당 *감정평가 목적*에 적합한 경우(110.1 및 110.4 참조), 대상 무형*자산*의 감가상각 절세 효과를 산출하여 합산한다.

60.12. 기여자산원가(CACs: Contributory asset charges)는 현금흐름 창출에 기여하는 현재 및 미래의 모든 유형, 무형 및 금융*자산*에 대해 산출되어야 *하며*, CACs가 필요한 *자산*이 하나 이상의 사업 부문에 관련된 경우 그 CACs는 관련된 서로 다른 사업 부문에 배분*한다*.

60.13. 영업권 요소에 대한 CACs가 적절한가에 대한 판단은 관련 사실과 처한 상황에 대한 검토에 기반*하며*, 그러한 CACs가 발생하지 않는 상황이라면 *감정평가사*는 CACs나 영업권 요소에 대한 대체 조정을 기계적으로 적용해서는 *안 된다*(should). 계량화할 수 있는 집합적 노동력은 일반적으로 CACs를 고려해야 *하는* 유일한 영업권 요소이다. 따라서 *감정평가사*는 집합적 노동력 외의 영업권 요소에 CACs를 적용할 수 있는 확실한 근거를 *반드시* 가지고 *있어야* 한다.

60.14. CACs는 일반적으로 기여*자산 가치*에 대한 공정한 수익으로서 세후 기준으로 산출되며, 경우에 따라 기여*자산*의 수익도 차감한다. 기여*자산*에 대한 적절한 수익은 일반적인 *참가자*가 해당 *자산*에 대해 요구하는 투자 수익이다. 기여*자산*의 수익은 해당 *자산*에 대한 초기 투자의 회수이다. CACs가 세전 기준으로 또는 세후 기준으로 산출되는지와 관계없이 *가치*에는 차이가 없어야 *한다*.

60.15. 기여*자산*이 운전자본과 같이 본질적으로 지출되는 것이 아니라면 *자산*에 대한 공정 수익만 요구된다.

60.16. 로열티면제법에 따라 평가된 기여 무형자산의 경우, CACs는 로열티(일반적으로 세후 로열티 비율로 조정)와 같아야 *한다*.

60.17. 초과이익법은 주어진 수익 및 소득 흐름에 대해 단일 무형*자산*(일반적으로 주요 또는 가장 중요한 무형*자산*)에만 적용되어야 *한다*. 예를 들어, 재화나 서비스를 공급하는데 기술과 상표 모두를 사용하는 기업의 무형자산을 평가할 때(즉, 기술과 상표에 관련된 수입이 동일 할 때), 초과이익법은 무형자산 중 하나의 평가에만 사용하고 다른 *자산*에 대해서는 다른 방법을 사용*한다*. 그러나 기업이 서로 다른 기술을 사용하고 별개의 수입과 이익을 창출하는 다중 생산 라인을 가지고 있다면, 초

과이익법은 여러 다른 기술의 *감정평가*에 적용될 수 있다.

*로열티면제법(Relief-from-Royalty Method)*

60.18. 로열티면제법에서 무형*자산*의 *가치*는 제3자에게 해당 무형*자산*을 라이센싱하는 것과 비교하여 *자산*을 소유함으로써 절약될 가상의 로열티 지불금에 대한 *가치*를 참고해서 결정한다. 개념적으로 이 방법은 무형자산의 소유자가 제3자에게 무형*자산*의 사용을 허가함으로써 받을 수 있는 현금흐름에 적용되는 할인현금흐름분석법으로 볼 수도 있다.

60.19. 로열티면제법을 적용하는 주요 단계는 다음과 같다.

(a) 대상 무형자산의 내용연수동안 평가되는 무형*자산*과 관련된 예측을 설정한다. 대부분의 로열티가 수익의 일정 비율로 지불되므로, 가장 일반적으로 예측하는 지표는 수익이다. 다만, 특정 *감정평가*에서는 단위당 로열티와 같은 다른 지표가 적절할 수 있다.

(b) 대상 무형자산에 대한 로열티율을 책정한다. 가상의 로열티율을 도출하는데 두 가지 방법이 사용될 수 있다. 첫 번째는 비교 가능하거나 유사한 거래에 대한 시장 로열티율을 기준으로 한다. 이 방법은 정상 거래를 통해 정기적으로 사용 허가를 받는 비교 가능한 무형자산이 있어야 한다는 것이 전제되어야 한다. 두 번째 방법은 정상 거래에서 대상 무형자산 사용 권리에 대해 자발적인 로열티 사용자가 자발적인 로열티 허가권자에게 가상으로 지급할 이익의 비율을 기준으로 한다.

(c) 무형자산을 소유함으로써 면할 수 있는 로열티 지급액 산출을 위해 책정한 로열티율을 예측에 적용한다.

(d) 대상 *자산* 사용자가 부담해야 하는 추가 비용을 추정한다. 여기에는 일부 로열티 허가권자가 요구하는 확정 계약금이 포함될 수 있다. 해당 비용(관리, 홍보, 광고 등)을 로열티 허가권자의 부담으로 가정하는지, 로열티 사용자의 부담으로 가정하는지를 판단하기 위해 로열티율을 분석한다. "총" 로열티율은 사용허가 *자산*의 소유권과 관련된 로열티 허가권자에게 귀속되는 모든 책임과 비용을 고려하는 반면, "순" 로열티율은 사용허가 *자산*의 소유권과 관련된 로열티 사용자에게 귀속되는 일부 또는 모든 책임과 비용을 고려한다. "총액"인지 "순액"인지에 따라, *감정평가*에서는 가상의 로열티 자산과 관련된 관리비, 홍보비, 광고비 등의 비용 공제를 각각 제외하거나 포함한다.

(e) 가상의 *비용*과 로열티 지급액에 대해 세금 공제가 가능하다면, 해당 무형*자산* 소유와 관련된 세후 절감액을 산출하기 위해 적정 세율을 적용하는 것이 적절할 수 있다. 다만, 특정 목적(이전 가격 조정과 같은)의 경우 일반적으로 *감정평가*에서 세금 효과를 고려하지 않으므로, 이 단계는 생략한다.

(f) 대상 무형*자산*과 현재 가치에 대한 적정 *할인율*을 결정하거나 해당 무형*자산* 소유권과 관련된 절감액을 자본화 한다.

(g) 해당 *감정평가 목적*에 적합한 경우(110.1 - 110.4 참조), 대상 무형자산의 감가상각 절세 효과를 산출하여 합산한다.

60.20. 로열티율이 시장 거래를 기반으로 하든, 이익 분할 방법을 기반으로 하든(혹은 둘다), 대상 무형자산의 특성과 사용 환경을 고려하여 결정*한다*. 이러한 특성에 대한 고려는 관찰된 거래 범위 내에서, 또는 이익분할법에서 대상 자산에 배분가능한 이익의 범위 내에서, 로열티율을 선택하는 근거가 된다. 이 때 고려해야 *할(should)* 요소는 다음과 같다.

(a) 경쟁 환경: 해당 무형*자산*의 시장 규모, 현실적인 대안의 가용성, 경쟁자의 수, 진입 장벽 및 전환 *비용*의 존재(또는 부재)

(b) 소유자에게 대상 무형자산의 중요성: 대상 *자산*이 경쟁자와의 차별화에 중요 요소인지 여부, 소유자의 마케팅 전략에서 차지하는 중요성, 다른 유무형 자산과 비교한 상대적 중요성, 소유자가 대상 *자산*을 생성, 유지, 개선하는데 지출한 금액

(c) 대상 무형자산의 수명 주기: 대상 *자산*의 기대 경제 내용연수 및 쇠퇴 위험

60.21. 로열티율을 설정할 때, *감정평가사*는 다음을 고려*한다*.

(a) 로열티 계약을 체결할 때, *참가자*가 기꺼이 지불하고자 하는 로열티율은 이익 수준과 해당 이익에 대해 사용 허가된 무형자산의 상대적 기여도에 따라 다르다. 예를 들어, 소비재 제조업체는 브랜드 없는 제품 판매보다 브랜드 제품 판매이익이 더 낮다면 로열티를 지불하고 상표명에 대한 로열티 계약을 하지 않을 것이다.

(b) 관찰된 로열티 거래를 고려할 때, *감정평가사*는 로열티 사용자에게 이전되는 특정 권리와 모든 제한을 이해해야 *한다*. 예를 들어, 로열티 계약에 특정지역이나 제품에 대한 제약과 같이 무형자산 사용에 대한 *상당한* 제약이 포함될 *수 있다*. 또한 *감정평가사*는 확정 계약금, 단계별 기술료, 해당 자산의 완전 취득을 위한 풋/콜 옵션을 포함하여 로열티 계약에 따른 지급구조를 이해해야 *한다*.

*WWM (With-and-Without Method)*

60.22. WWM은 기업이 대상 무형자산을 활용하는 경우와 기업이 대상 무형자산을 활용하지 않는 경우의 두 가지 시나리오를 비교하여 무형자산의 *가치*를 나타낸다 (그 외 모든 요소는 일정하게 유지된다).

60.23. 이 두 가지 시나리오는 두 가지 방법으로 비교할 수 있다.

(a) 기업 *가치*의 차이를 대상 무형자산의 *가치*로 하여 각 시나리오에 따른 기업가

치를 산출한다.

(b) 각 미래 기간에 대해 두 시나리오 별 이익 차이를 계산한다. 그 금액의 현재 가치는 대상 무형자산의 *가치* 도출에 활용된다.

60.24. 이론적으로, *감정평가사*가 기업의 이익에 미치는 영향 뿐만 아니라 운전자본 필요 및 자본 지출에서 두 시나리오 간의 차이와 같은 추가 요소를 고려한다면, 두 방법은 해당 무형*자산*에 대해 유사한 *가치*를 도출*한다*.

60.25. WWM은 비경쟁 계약의 *감정평가*에 흔히 사용되지만 특정 상황에서는 다른 무형자산 *감정평가*에 적합할 수 있다.

60.26. WWM을 적용하는 주요 단계는 다음과 같다.

(a) 대상 무형*자산*을 포함하여 기업의 모든 자산을 사용한다는 가정하에 기업에 필요한 수익, 비용, 자본지출, 운전자본에 대하여 예측한다. 이는 "with" 시나리오에서의 현금흐름이다.

(b) "with" 시나리오에서의 미래 현금흐름을 현재 가치화 하는 적정 *할인율*을 사용하여 "with" 시나리오에서의 기업 *가치*를 산출한다.

(c) 대상 무형자산을 제외한 기업의 모든 *자산*을 사용한다는 가정하에 기업에 필요한 수익, 비용, 자본지출, 운전자본에 대하여 예측한다. 이는 "without" 시나리오에서의 현금흐름이다.

(d) "without" 시나리오에서의 미래 현금흐름을 현재 가치화 하는 적정 *할인율*로 "without" 시나리오에서의 기업 *가치*를 산출한다.

(e) "with" 시나리오 현금흐름의 현재가치 또는 기업 *가치*에서 "without" 시나리오 현금흐름의 현재가치 또는 기업 *가치*를 공제한다.

(f) 해당 *감정평가 목적*에 적합한 경우(110.1 및 110.4 참조), 대상 무형자산의 감가상각 절세 효과를 산출하여 합산한다.

60.27. 추가 단계로, 두 시나리오 간의 차이에 확률 *가중치* 조정이 필요할 수 *있다*. 예를 들어 비경쟁 계약의 *감정평가*에서, 계약의 대상인 개인이나 기업은 합의가 이루어지지 않더라도 경쟁하지 않기로 선택할 수 있다.

60.28. 두 시나리오 간 *가치*의 차이는 두 시나리오에서 다른 *할인율*을 사용하는 것이 아닌 현금흐름 예측에만 반영되어야 *한다*.

*설립접근법(Greenfield Method)*

60.29. 설립접근법에서 대상 무형자산의 *가치*는 감정평가 기준시점에 기업의 유일한 *자산*이 대상 무형자산이라고 가정하는 현금흐름 예측을 사용하여 결정된다. 그 외 모든 유무형 자산은 *반드시* 구입, 조성, 또는 임대*해야* 한다.

60.30. 설립접근법은 개념적으로 초과이익법과 유사하다. 그러나 기여*자산*의 기여도를 반영하기 위해 현금흐름에서 기여*자산* 원가를 공제하는 대신, 설립접근법은 대상 *자산*의 소유자가 그 기여*자산*을 조성, 구입, 또는 임대해야 한다고 가정한다. 기여*자산*을 조성하거나 구입할 때는 재생산원가가 아닌 동등한 효용의 대체 *자산* 비용을 사용한다.

60.31. 설립접근법은 흔히 프랜차이즈 계약 및 방송 주파수와 같은 "권한 허가형" 무형자산의 *가치* 추정에 활용된다.

60.32. 설립접근법 적용의 주요 단계는 다음과 같다.

(a) 대상 무형*자산*이 감정평가 기준시점 당시 대상 기업이 소유한 유일한 *자산*이라고 가정한 기업에 대한 수익, 비용, 자본 지출, 필요 운전 자본 및 안정화 수준까지 "생산량 증가"에 필요한 시간을 추정한다.

(b) 대상 기업을 운영하는데 필요한 기타 모든 *자산*의 취득, 조성, 또는 임대에 관련된 지출의 시기와 금액을 추정한다.

(c) 대상 무형자산만 보유한 대상 기업의 *가치*를 결정할 미래 현금흐름을 해당 기업에 적정한 *할인율*을 적용하여 현재 가치로 할인한다.

(d) 해당 *감정평가 목적*에 적합한 경우(110.1 및 110.4 참조), 대상 무형*자산*의 감가상각 절세 효과를 산출하여 합산한다.

*배분법(Distributor Method)*

60.33. 분해법이라고도 하는 배분법은 고객 관련 무형자산을 평가하는데 사용되는 다기간 초과이익법의 변형이다. 배분법은 다양한 기능으로 구성된 기업들이 각 기능과 관련된 수익 창출을 기대한다는 것에 이론적 근거를 두고 있다. 유통기업은 일반적으로 지적재산 개발이나 제조가 아닌 고객에 대한 제품 유통과 관련된 기능만 수행하므로, 유통기업이 벌어들인 이윤 정보를 활용하여 고객 관련 무형자산에 귀속되는 초과이익을 추정한다.

60.34. 다른 무형*자산*(예, 기술이나 브랜드)이 주요한 혹은 매우 *중요한* 무형*자산*으로 간주되어 다기간 초과이익법으로 평가되는 경우, 배분법은 고객 관련 무형자산 평가에 적합하다.

60.35. 배분법을 적용하는 주요 단계는 다음과 같다.

(a) 기존 고객 관계에 관련된 수익을 예측한다. 이 예측은 기존 고객으로부터 기대되는 수익 증가와 고객 감소를 모두 반영*한다*.

(b) 대상 기업과 유사한 고객 관계를 가진 비교 가능한 유통기업을 확인하여 해당 유통기업이 달성한 이익 마진을 산출한다.

(c) 산출된 유통기업 이익 마진을 예상 수익에 적용한다.

(d) 예상 수익과 비용을 달성하는데 필요한 유통 기능 수행에 관련된 기여*자산*을 식별한다. 일반적으로 유통기업 기여*자산*은 운전자본, 고정 *자산* 및 노동력을 포함한다. 반면, 유통기업은 상표나 기술과 같은 다른 *자산*은 거의 필요로 하지 않는다. 기여*자산*의 필요 수준 역시 유통 기능만 수행하는 *참가자*에 부합해야 *한다.*

(e) 해당 *자산*과 관련된 위험 평가에 기반하여 각 기여*자산*에 대한 적절한 수익률을 결정한다.

(f) 각 예측 기간의 유통기업 예상 이윤에서 기여*자산*의 요구수익률을 차감하여 대상 무형*자산*에만 귀속되는 초과이익을 산출한다.

(g) 대상 무형*자산*에 대한 적절한 할인율을 결정하고 초과이익을 현재가치로 할인한다.

(h) 해당 *감정평가* 목적에 적합한 경우(110.1 - 110.4 참조), 대상 무형*자산*의 감가상각 절세 효과를 산출하여 합산한다.

## 70. 비용접근법

70.1. 비용접근법에서 무형*자산*의 *가치*는 유사한 *자산* 또는 유사한 서비스 잠재력이나 효용을 제공하는 *자산*의 대체 원가를 기반으로 결정된다.

70.2. *감정평가사*는 무형자산 *감정평가*에 비용접근법 적용 여부를 판단할 때, IVS 105 *감정평가 접근법과 감정평가방법*, 60.2 및 60.3를 *반드시 준수해야* 한다.

70.3. 이러한 기준에 따라 비용접근법은 일반적으로 다음과 같은 무형자산에 활용된다.

(a) 취득한 타사 소프트웨어
(b) 내부적으로 개발 및 사용된 시장성 없는 소프트웨어
(c) 집합적 노동력

70.4. *감정평가사*는 대상 *자산*이 IVS 105 *감정평가 접근법과 감정평가방법*, 60.2 및 60.3를 충족하지 못하는 경우, 비용접근법 적용 전에 다른 방법이 있는지 확인하도록 시도*하며*, 적용 가능한 다른 방법이 없는 경우 비용접근법을 적용할 수 *있다.*

70.5. 비용접근법에는 대체 원가와 재생산원가라는 두 가지 주요 수단이 있다. 그러나 많은 무형자산은 재생산할 수 있는 물리적 형태를 가지고 있지 않으며, 재생산할 수 있는 소프트웨어 같은 *자산*은 정확한 원시 코드 라인이 아닌 기능/효용에서 *가치*가 창출된다. 이런 이유로, 대체 원가가 무형자산 *감정평가*에 가장 일반적으로 적용된다.

70.6. 대체원가법은 *참가자*가 해당 *자산*을 유사한 효용이나 기능의 대체물로 바꾸는데 드는 것보다 많은 *비용*을 해당 *자산*에 대해 지불하지 않을 것이라고 가정한다.

70.7. *감정평가사*는 대체원가법을 적용할 때 다음을 고려*한다*.

(a) 인건비, 원료비, 간접비를 포함하여 해당 *자산*의 효용을 대체하는 직간접 비용

(b) 대상 무형*자산*의 진부화 여부. 무형자산은 기능적이나 물리적인 면에서 진부화 되지는 않지만, 경제적으로 진부화 될 수 있다.

(c) 포함된 *비용*에 가산액을 추가하는 것의 적절성 여부. 제3자로부터 취득한 *자산*은 아마도 *자산* 창출과 관련된 *비용*과 투자 수익을 제공하기 위한 어떤 형태의 이익을 반영하고 있을 것이다. 따라서 가상의 거래를 가정하는 *기준가치*(IVS 104, *기준가치* 참조) 하에서는, *비용*에 추정 이윤 가산액을 포함하는 것이 적절 할 수 있다. IVS 105 *감정평가 접근법과 감정평가방법*에서 언급된 바와 같이, 제3자의 추정을 기반으로 한 *비용*은 이윤 가산액이 이미 반영된 것으로 추정 할 수 있다.

(d) 대상 무형자산이 창출되는 일정 기간동안 보유하지 않았더라면 발생했을 *비용*을 반영하는 기회비용 역시 포함될 수 *있다*.

## 80. 무형자산에 대한 특별 고려사항

80.1. 무형자산의 *감정평가*에 관련된 사안에 대한 개략적인 목록이다.

(a) 무형자산의 할인율 / 수익률(90)

(b) 무형자산의 경제적 내용연수(100)

(c) 감가상각 절세 효과(110)

## 90. 무형자산의 할인율/수익률

90.1. 무형자산 *할인율*에 대한 참고 가능한 시장 증거가 거의 없기 때문에 무형자산 *할인율*을 설정하는 것이 어려울 수 있다. 무형*자산* *할인율* 결정은 일반적으로 *상당한* 전문가적 판단을 요한다.

90.2. 무형*자산*의 할인율을 결정할 때, *감정평가사*는 대상 무형*자산*과 관련된 위험을 평가하고, 참고 가능한 *할인율* 기준을 고려*한다*.

90.3. 무형*자산*과 관련된 위험을 평가할 때, *감정평가사*는 다음 요소를 고려*한다*.

(a) 무형자산은 보통 유형*자산* 보다 고위험이다.

(b) 무형*자산*이 현재의 용도에 매우 특화되어 있는 경우, 다양한 잠재적 용도를 가진 *자산* 보다 고위험일 수 *있다*.

(c) 단일 무형자산은 일단의 *자산*(또는 사업)보다 고위험일 수 *있다*.

(d) 비안정적(혹은 비일상적인) 기능에 사용되는 무형자산은 덜 안정적이거나 일상적인 활동에 사용되는 무형자산보다 고위험일 수 *있다*. 예를 들어, 연구개발에 사용되는 무형자산은 기존 재화나 용역 제공에 사용되는 무형자산보다 고위험 일 수 *있다*.

(e) *자산*의 수명. 다른 투자와 마찬가지로, 다른 조건이 동일한 경우 수명이 더 긴 무형자산의 위험을 더 높은 것으로 간주한다.

(f) 자산 잔고와 같이 현금흐름을 쉽게 추정할 수 있는 무형자산의 위험이 고객 관계와 같은 현금흐름 추정이 쉽지 않은 자산보다 낮을 수 *있다*.

90.4. 기준 할인율은 시장 증거와 포착된 거래를 기반으로 참고할 수 있는 이율이다. 다음은 *감정평가사*가 고려하는 기준 이율의 일부이다.

(a) 대상 무형*자산*의 내용연수와 유사한 기간의 무위험율

(b) 대상 무형*자산*의 내용연수와 유사한 기간을 가진 부채비용 또는 차입 이자율

(c) 대상 무형*자산*에 대한 *참가자*의 자기자본 비용 또는 자기자본 이자율

(d) 대상 무형*자산*에 대한 *참가자* 또는 대상 무형*자산*을 소유/사용하는 회사의 *가중 평균자본비용*(WACC: *weighted* average cost of capital)

(e) 대상 무형*자산*을 포함한 기업의 최근 인수와 관련하여 해당 거래의 내부수익률(IRR: Internal Rate of Return)을 고려*한다*.

(f) 기업의 모든 *자산*에 대한 *감정평가*와 관련하여, *감정평가사*는 결정된 할인율의 합리성 확인을 위해 *가중 평균 자산 수익률*(WARA: *weighted* average return on assets) 분석을 수행*한다*.

## 100. 무형자산의 경제적 내용연수

100.1. 무형*자산 감정평가*에서, 특히 수익접근법에서, *자산*의 경제적 내용연수는 중요한 고려사항이다. 경제적 내용연수는 법적, 기술적, 기능적, 또는 경제적 요인에 의해 제한되는 유한한 기간일 수 *있다*. 무형*자산*의 경제적 내용연수는 회계나 세금 목적에서의 잔존 내용연수와는 다른 개념이다.

100.2. 법적, 기술적, 기능적, 또는 경제적 요인은 경제적 내용연수를 판단할 때 *반드시* 개별적으로 그리고 함께 고려*해야* 한다. 예를 들어, 특허로 보호되는 제약 기술은 특허 만료 전에 5년의 법적 잔존 연수가 있을 수 *있으나*, 향상된 효능을 가진 경쟁 의약품이 3년 후에 시장에 출시될 것으로 예상할 수 *있다*. 이로 인해 특허의 경제적 수명이 3년으로 평가될 수 있다. 반대로, 기술 관련 노하우가 특허 만료 이후에도 복제약 생산에 *가치*가 있다면 기술의 기대 경제 수명은 특허 기간을 초과하여 연장 될 수 있다.

100.3. 무형자산의 경제적 내용연수를 추정할 때, *감정평가사*는 사용 또는 교체 양상도 고려*한다*. 특정 무형자산은 새롭거나, 더 좋거나, 더 저렴한 대안이 나오면 갑자기 대체될 수 있는 반면, 다른 자산은 시간이 지남에 따라 천천히 대체될 수 있는데, 이는 소프트웨어 개발자가 매년 새로운 버전의 소프트웨어를 출시하지만 각 출시마다 기존 코드의 일부만 대체하는 것과 같다.

100.4. 고객 관련 무형자산의 경우, 해당 고객관련 자산을 평가하는데 사용된 현금흐름 뿐만 아니라 고객 이탈 역시 경제적 수명을 예측하는 주요 요소이다. 무형자산 *감정평가*에 적용된 고객 이탈은 고객의 미래 손실에 대한 기대치를 수량화 한 것이다. 이는 미래 전망치이나, 고객 이탈은 흔히 과거 기록을 기반으로 한다.

100.5. 과거의 고객 이탈을 측정하고 적용하는 방법은 여러 가지가 있다.

(a) 고객 감소가 고객과 관계된 기간에 의존하는 것으로 보이지 않는 경우, 고객과 관계된 기간동안 일정한 손실률(전년 잔여 고객 수 대비 일정 비율)을 가정할 수 *있다*.

(b) 고객 감소가 고객과 관계된 기간에 의존하는 경우, 고객과 관계된 기간 동안 변동 손실률을 적용할 수 *있다*. 이러한 상황에서 일반적으로 짧은/신규 관계의 고객이 더 오래되고 정착된 관계의 고객보다 더 높은 비율로 감소한다.

(c) 고객 이탈은 고객 그룹의 특성에 따라 수익이나 고객의 수를 기준으로 적절하게 측정할 수 *있다*.

(d) 고객을 다양한 그룹으로 구분할 필요가 있을 수 *있다*. 예를 들어, 유통회사와 소매업체에 제품을 판매하는 기업은 각 그룹 별로 다른 이탈율을 경험할 수 *있다*. 또한 고객은 지역, 고객 규모, 구매한 제품이나 서비스 유형과 같은 다른 요인에 따라 구분될 수 *있다*.

(e) 고객 이탈을 측정하는데 적용한 기간은 상황에 따라 다를 수 *있다*. 예를 들어, 월간 가입자가 있는 기업의 경우, 특정 고객의 수입이 없는 한 달은 그 고객의 손실을 의미할 수 있다. 반대로, 대형 산업용 제품의 경우, 해당 고객에 대해 1년 이상 판매가 없더라도 고객 "손실"로 간주하지 않을 수 있다.

100.6. 모든 고객 이탈 계수는 이탈 측정 방식에 부합되게 적용*한다*. 예측 첫 해(이후 모든 연도에)에 정확한 이탈 계수의 적용은 측정 형태에 *반드시* 부합*해야* 한다.

(a) 고객 이탈을 기간(통상 1년) 말 대비 기간 초의 고객 숫자를 기반으로 측정한다면, 이탈 계수는 예측 첫 해에 대해 "기간 중" 수치(일반적으로 고객이 1년 내내 감소한다고 가정하기 때문에)를 적용*한다*. 예를 들어, 고객 이탈을 해당 기간 초의 고객 수(100)와 기간 말의 잔존 고객 수(90)를 비교하여 측정한다면, 1년 내내 균등한 손실을 가정하여 해당 연도의 그 회사는 평균 95의 고객을 가진 것

이다. 고객 이탈율이 10%로 나타나더라도, 첫 해에는 그 반만 적용*한다.*

(b) 고객 이탈을 연간 매출이나 고객 수를 분석하여 측정하는 경우, 그 결론적 이탈계수는 일반적으로 기간 중에 대한 조정없이 적용*한다.* 예를 들어, 1차 연도에 수익을 창출한 고객의 수(100)와 2차 연도 수익에 대한 동일한 고객의 수(90)를 비교하여 고객 이탈을 측정하는 경우, 이탈율은 다시 10%로 나타나더라도, 적용 방식은 다를 수 있다.

100.7. 수익 기반 고객 이탈은 조정이 이루어지지 않는 한 기존 고객으로부터의 수익 증가를 포함할 수 *있다.* 측정과 적용에서 성장과 고객 이탈을 분리하여 조정하는 것이 가장 일반적이다.

100.8. *감정평가사*가 사용중인 모형에 과거 수익을 입력하고 다음 연도에 기존 고객으로부터의 실제 수익을 얼마나 잘 예측했는지 확인하는 것이 가장 일반적이다. 고객 이탈을 적절히 측정하고 적용했다면, 그 모형은 합리적으로 정확해야 *한다.* 예를 들어, 미래 고객 이탈에 대한 예측이 20X0 부터 20X5년까지 관찰된 과거 이탈 기록에 기반하여 설정되었다면, *감정평가사*는 20X0년 고객 수익을 모형에 입력*하여,* 20X1년, 20X2년 등에 기존 고객으로부터 달성된 수입이 정확히 예측되는지를 확인한다.

## 110. 감가상각 절세 효과(TAB: Tax Amortisation Benefit)

110.1. 여러 과세 *관할권*에서 무형자산은 세금 *목적*으로 감가상각 되어 납세자의 세금 부담을 줄이고 현금흐름을 증가시키는 효과가 있다. *감정평가*의 *목적*과 적용된 감정평가 *방법*에 따라 감가상각 절세 효과의 *가치*를 무형자산의 *가치*에 포함시키는 것이 적절할 수 있다.

110.2. 무형*자산* 평가에 시장접근법이나 비용접근법이 사용되는 경우, *자산*을 조성하거나 매수하기 위해 지불된 가격은 *자산*의 상각 가능성이 이미 반영된 것일 수 있다. 그러나 수익접근법에서는 해당되는 경우 감가상각 절세 효과를 명시적으로 산출하여 포함할 필요가 있다.

110.3. 재무 보고와 같은 일부 감정평가 *목적*의 경우, 적절한 *기준가치*는 대상 무형*자산*에 대해 가상의 거래를 가정한다. 일반적인 *참가자*는 그러한 가상 거래에서 획득한 무형*자산*에 대해 감가상각 할 수 있을 것이므로, 일반적으로 이러한 *목적*을 위해 수익접근법을 사용할 때 감가상각 절세 효과를 포함*한다.* 다른 감정평가 *목적*에서는 가정된 거래가 기업이거나 일단의 자산일 수 있다. 그러한 *기준가치*의 경우, 그 거래가 무형*자산*의 단계적 가치 증대를 가져올 경우에만 감가상각 절세 효과를 포함하는 것이 적절할 수 있다.

110.4. 감가상각 절세 효과 산출 시 사용되는 적정 *할인율*과 관련해서는 다양한 의견이 있을 수 있다. *감정평가사*는 다음 중 하나를 사용할 수 *있다.*

(a) *가중* 평균자본비용과 같이 기업이 대상 *자산*을 활용하는데 적절한 *할인율*. 이 견해의 지지자들은 감가상각으로 기업이 창출하는 모든 소득에 대한 세금을 상쇄할 수 있으므로 사업 전체에 적절한 *할인율*을 사용해야 *한다*고 생각한다.

(b) 대상 *자산*에 적절한 할인율(즉, 해당 *자산*의 *감정평가*에 적용되는 것). 이 견해의 지지자들은 *감정평가*가 대상 자산의 소유자가 대상 *자산*과 별개의 영업 및 소득을 가진다고 가정해서는 안 *되며(should)* 감가상각 절세 효과에 사용된 할인율은 대상 *자산*의 *감정평가*에 사용된 것과 동일해야 *한다*고 생각한다.

# IVS 220 비금융부채

### 목차
| | |
|---|---|
| 개요 | 10 |
| 소개 | 20 |
| 기준가치 | 30 |
| 감정평가 접근법과 감정평가방법 | 40 |
| 시장접근법 | 50 |
| 수익접근법 | 60 |
| 비용접근법 | 70 |
| 비금융부채에 대한 특별 고려사항 | 80 |
| 비금융부채에 대한 할인율 | 90 |
| 현금흐름과 위험 마진 추정 | 100 |
| 양도 제한 | 110 |
| 세금 | 120 |

### 10. 개요

10.1. 일반기준에 포함된 규정은 비금융부채의 *감정평가* 및 비금융부채 구성요소의 *감정평가*에도 적용된다. 이 장에서는 비금융부채의 *감정평가*에 적용되는 추가요건을 설명한다.

10.2. 할인율과 위험 범위를 결정하는데 있어서, IVS 105 *감정평가 접근법과 감정평가방법* (50.29 - 50.31 참조)과 IVS 220 *비금융부채*가 상충하는 경우, *감정평가사*는 *비금융부채*의 *감정평가*에서 이 장의 90와 100의 원칙을 반드시 적용해야 한다.

### 20. 소개

20.1. IVS 220 *비금융부채*의 목적상 비금융부채는 재화나 용역을 제공하기 위한 비현금성 이행의무가 필요한 부채로 정의된다.

20.2. 부분적으로 또는 전체적으로 비현금성 이행이 필요할 수 있으면서 IVS 220 *비금융부채*의 적용을 받는 개략적인 부채 목록은 다음을 포함한다. 선수수익 또는 계약 부채, 보증, 환경 부채, *자산* 처분 의무, 특정 조건부 지급 의무, 충성 고객 유지 프로그램, 전력 구매 계약, 특정 소송 준비금과 예비비, 특정 배상, 제품 보증 충당부채.

20.3. 특정 조건부 지급 의무는 비현금성 이행의무가 필요할 수 있으나, 이러한 부채는 IVS 220 *비금융부채*에 포함되지 않는다.

20.4. 비금융부채를 부담하는 당사자는 일반적으로 재화나 용역 인도에서 발생하는 수고와 내재된 위험에 대한 보상으로 이행 활동에 대한 이익 마진을 요구한다.

20.5. 금융부채의 경우 일반적으로 현금 이행이 유일한 의무 이행이며 이행 활동에 대한 추가 보상이 필요하지 않는다. 현금 이행이 금융부채에 대한 유일한 이행의무인 경우, *감정평가사*는 자산 체계를 활용한 자산-부채의 대차균형으로 대상 부채를 평가하는 경우 가장 많다.

20.6. 부채에 대한 재화와 용역을 제공할 이행의무 및 그러한 수고에 대한 추가보상으로 인해 비금융부채의 경우 일반적으로 자산-부채의 대차균형은 존재하지 않는다. 따라서 비금융부채는 대부분 부채 체계를 활용하여 평가한다.

20.7. 거래 상대방이 해당 *자산*을 인식하는 경우 감정평가사는 *기준가치*에 부합하는 조건에서 그 *가치*가 자산-부채 대차균형을 나타내는지 *반드시* 평가*해야* 한다. 국제감정평가 기준위원회가 아닌 조직/기구에서 공표한 특정 *기준가치*는 특정 상황에서 해당 *자산*에 대한 구체적인 인식과 조정을 요한다. *감정평가사*는 감정평가 기준시점의 해당 *기준가치*와 관련된 규정, 판례 및 기타 해설 지침을 *반드시* 이해하고 준수*해야* 한다(IVS 200 기업 및 기업 지분, 30.2 참조). *감정평가사*가 해당 자산가치를 조정*하는* 경우는 흔치 않은데, 그 이유는 다음과 같다.

(a) 비금융부채는 종종 거래 상대방이 인식한 해당 *자산*을 계상하지 않거나(예, 환경부채), 다른 *자산*과 일체로만 이전할 수 있다(예, 자동차와 관련 보증은 오로지 같이 이전된다).

(b) 비금융부채에 상응하는 *자산*은 그 *자산*의 *가치*를 인식하고 조정하는 것이 비현실적일 만큼 여러 당사자가 보유할 수 *있다*.

(c) 비금융*자산* 및 비금융부채 시장은 매우 유동적이서, 정보의 비대칭, 높은 매수호가, 자산-부채 불균형을 초래한다.

20.8. 대상 비금융부채를 가장 자주 거래하는 *참가자*는 대상 비금융부채를 보유한 기업의 비교 가능한 회사나 경쟁사가 아닐 수 *있다*. 그 예로는 보험회사, 제3자 보증 발급회사 등이 있다. *감정평가사*는 대상 비금융부채를 보유하는 기업이 운영되는 직접적인 산업 외부에 시장이나 *참가자*가 존재하는지 고려*한다*.

20.9. 비금융부채에 대한 감정평가는 다양한 *목적*으로 수행된다. *감정평가의 목적*을 이해하고 비금융부채가 다른 *자산*과 별개로 혹은 일단으로 평가되어야 *하는지* 여부를 판단하는 것은 *감정평가사*의 책임이다. 일반적으로 비금융부채에 대한 감정평가 요소를 포함하는 상황의 개략적인 예는 다음과 같다.

(a) 재무보고 *목적*에서 사업결합, *자산* 인수와 매각, 손상 분석에 대한 회계처리와 관련하여 비금융부채에 대한 *감정평가*가 필요한 경우가 있다.

(b) 세무보고 *목적*에서 이전 가격 분석, 유산 및 증여세 계획과 신고, 종가세 과세분석과 관련하여 비금융부채에 대한 *감정평가*가 필요한 경우가 있다.

(c) 비금융부채는 소송의 대상이 될 수 있으며, 특정 상황에서 *감정평가* 분석이 필요하다.

(d) *감정평가사*는 경우에 따라 일반 컨설팅, 담보 대출 및 거래 지원 계약의 일부로 비금융부채의 평가를 요청 받는다.

## 30. 기준가치

30.1. IVS 104 *기준가치*에 따라, *감정평가사*는 비금융부채 감정평가시 적절한 *기준가치*를 *반드시* 선정*해야* 한다.

30.2. 종종 비금융부채 감정평가는 국제감정평가기준위원회(몇 가지 사례가 IVS 104 *기준가치*에 설명되어 있다)가 아닌 기구/조직이 정의한 *기준가치*를 적용하여 이루어지며, *감정평가사*는 감정평가 기준시점 당시의 해당 *기준가치*에 관련된 규정, 판례 및 기타 해석 지침을 *반드시* 이해하고 준수*해야* 한다(IVS 200 *기업 및 기업지분*, 30.2 참조).

## 40. 감정평가 접근법과 감정평가방법

40.1. IVS 105, *감정평가 접근법*(시장접근법, 수익접근법, 비용접근법)에 설명된 세가지 감정평가 접근법의 요소는 모두 비금융부채 *감정평가*에 적용될 수 있다. 아래 설명된 방법은 하나 이상의 접근법 요소를 나타낼 수 있다. *감정평가사*가 어떤 감정평가방법을 세 가지 감정평가 접근법 중 하나로 분류해야 할 경우, *감정평가사*는 아래 분류에 의존하는 것이 아니라 그 결정을 하기 위한 판단을 해야 *한다*.

40.2. 감정평가 접근법과 감정평가방법을 선정할 때, *감정평가사*는 반드시 이 기준의 요건 외에도 10.3를 포함하여 IVS 105, *감정평가 접근법과 감정평가방법*의 규정을 준수*해야* 한다.

## 50. 시장접근법

50.1. 시장접근법에 따르면, 비금융부채의 *가치*는 시장 활동(예, 동일 또는 유사한 비금융부채가 관련된 거래)에 따라 결정된다.

50.2. 비금융부채와 관련된 거래는 흔히 유·무형 *자산*을 포함한 기업 결합과 같은 다른 *자산*도 포함한다.

50.3. 비금융부채만의 개별 거래는 기업 및 *자산* 거래에 비해 드물게 발생한다.

50.4. 비금융부채만의 개별 거래는 드물지만, *감정평가사*는 관련 시장 기반 *가치* 지표를 고려*한다*. 그런 시장 기반 지표가 시장접근법을 적용하기에 충분한 정보를 제공하지 않을 수 *있지만*, 다른 접근법을 적용할 때도 시장 기반 자료를 최대한 많이 사용*한다*.

50.5. 이러한 *가치*의 시장 지표에 대한 개략적인 목록은 다음과 같다.

(a) 대상 비금융부채와 동일하거나 유사한 재화를 제공하기 위한 제3자의 가격 책정 (예, 선수수익)

(b) 동일하거나 유사한 의무에 대해 제3자가 정한 보증 정책에 대한 가격 책정

(c) 특정 로열티 보상 의무에 대해 *참가자*가 공시한 금전적 전환 규정 가액

(d) 대상 비금융부채와 유사한 조건부 가치 권리의 이전 가격(예, 조건부 대가)

(e) 비금융부채에 투자된 투자 자금의 예상 수익률(예, 소송 금융)

50.6. *감정평가사*는 비금융부채 *감정평가*에 시장접근법을 적용할지 여부를 결정할 때, IVS 105 *감정평가 접근법과 감정평가방법*, 20.2 및 20.3를 *반드시* 준수해야 한다.

50.7. 많은 비금융부채의 다양한 특성과 비금융부채가 다른 *자산*과 별개로 거래되는 경우가 거의 없다는 사실은 유사한 비금융부채와 관련된 거래에 대한 시장 증거를 찾는 것이 거의 불가능하다는 것을 의미한다.

50.8. 시장가격에 대한 증거가 있는 경우, *감정평가사*는 대상 비금융부채와 거래에 포함된 자산 간의 차이를 반영하기 위해 이에 대한 조정을 고려*한다*. 이 조정은 대상 비금융부채와 거래에 포함된 자산의 차별화된 특성을 반영하기 위해 필요하다. 이 때의 조정은 정량적 수준이 아닌 정성적 수준에서만 결정될 수 *있다*. 다만, *상당한 정성적 조정*은 해당 *감정평가*에 다른 접근방법이 더 적합하다는 것을 나타내는 것일 수 있다.

50.9. 경우에 따라 *감정평가사*는 대상 비금융부채에 상응하는 자산의 시장 가격이나 증거에 의존할 수 *있다*. 이 때, *감정평가사*는 기업이 대상 비금융부채를 이전할 수 있는지, 해당 *자산*과 *자산* 관련 가격에 동일한 제약이 있는지, 해당 제약을 반영하는 조정이 포함되었는지를 고려*한다*. *감정평가사*는 이전 제한이 대상 비금융부채의 특성(예, 유동성이 낮은 시장)인지 또는 기업의 특성(예, 재무적 부실)인지 판단하는데 주의를 기울여야 *한다*.

50.10. 기준거래법이라고도 알려진 거래사례비교법은 비금융부채를 평가할 때 적용할 수 있는 유일한 시장접근법에 의한 감정평가방법이다.

50.11. 드물게 대상 비금융부채와 충분히 유사한 증권이 공개 거래된 경우, 유사 상장기업 비교법을 사용할 수 있다. 이러한 증권의 한가지 예는 특정 상품이나 기술의 성과에 관련된 조건부 가치 권리이다.

*시장접근법에 의한 감정평가방법*

50.12. 시장접근법에 의해 비금융부채를 평가하는 방법을 흔히 하향식(Top-Down) 방법이라고 한다.

*하향식 (Top-Down) 방법*

50.13. 하향식 방법으로 비금융부채를 평가하는 것은 해당 이행 의무에 대해 신뢰할 수 있는 시장 기반 가격 지표가 있다는 전제를 기반으로 한다.

50.14. 비금융부채와 관련된 재화나 용역을 제공할 의무를 이행하는 *참가자*는 이론적으로 용역의 시장 가격에서 의무 이행을 위해 이미 발생한 *비용*과 해당 *비용*에 더해진 가산액을 공제하여 비금융부채의 가격을 책정할 수 있다.

50.15. 대상 비금융부채의 *가치*를 결정하기 위해 시장정보가 사용될 때, 할인 효과는 시장가격에 반영되었으므로 일반적으로 할인이 필요한 것은 아니다.

50.16. 하향식 방법을 적용하는 주요 단계는 다음과 같다.

(a) 비현금성 이행의무의 시장 가격을 결정한다.

(b) 이미 발생한 *비용*과 양도인이 사용한 *자산*을 결정한다. 해당 *비용*의 성격은 대상 비금융부채에 따라 다르다. 예를 들어 선수수익의 경우, 그 *비용*은 주로 해당 비금융부채를 생성하는데 이미 지출된 판매 비용과 마케팅 비용으로 구성된다.

(c) 이미 발생한 *비용*에 대한 합리적인 이익 마진을 결정한다.

(d) 시장 가격에서 발생한 *비용*과 이익을 차감한다.

## 60. 수익접근법

60.1. 수익접근법에서 비금융부채의 *가치*는 흔히 해당 의무를 이행하기 위한 *비용*의 현재가치에 해당 부채를 부담하는데 필요한 이익 마진을 더하여 결정한다.

60.2. *감정평가사*는 비금융부채 *감정평가*에 수익접근법을 적용할지 여부를 결정할 때, IVS 105 *감정평가 접근법과 감정평가방법*, 40.2 및 40.3를 반드시 *준수해야* 한다.

*수익접근법에 의한 감정평가방법*

60.3. 수익접근법에 의해 비금융부채를 평가하는 주된 감정평가방법을 흔히 상향식(Bottom-Up) 방법이라고 한다.

*상향식(Bottom-Up) 방법*

60.4. 상향식 방법에서 비금융부채는 해당 이행 의무를 수행하는데 필요한 *비용*(특정 간접비를 포함*하거나* 포함하지 않을 수 *있다*)과 그 *비용*에 대한 합리적인 가산액을 현재가치로 할인하여 측정한다.

60.5. 상향식 방법을 적용하는 주요 단계는 다음과 같다.

(a) 이행 의무를 수행하는데 필요한 *비용*을 결정한다. 이 *비용*은 이행 의무 수행을 위한 직접 비용을 포함하지만, 기여*자산* 사용에 대한 부담과 같은 간접비용도 포함할 수 *있다*. 이행 비용은 비금융성부채를 발생시키는 이행 의무 수행에 관련된 *비용*을 나타낸다. 취득일 이전에 매각 활동의 일환으로 발생한 *비용*은 이행 활동에서 제외*한다*.

1. 기여자산원가는 해당 *자산*이 해당 의무를 이행하는데 필요하고 관련 비용이 손익계산서에 달리 표시되지 않는 한 이행비용에 포함되어야 *한다*.

2. 제한적으로 직간접 *비용* 외에 기회비용을 포함하는 것이 적절할 수 *있다.* 예를 들어, 상징적인 지적재산권의 사용허가에서 이행의 직간접 비용은 명목상인 것일 수 *있다.* 다만, 해당 의무가 근거 *자산*의 수익화 가능성을 감소시킨다면(예, 독점적 사용허가 약정), *감정평가사*는 참가자가 비금융부채와 관련한 잠재적 기회비용을 어떻게 처리하는지 검토*한다.*

(b) 이행 노력에 대한 합리적인 가산액을 결정한다. 대부분의 경우, 목표 이익으로 표시되는 특정 *비용*에 추정 이익 마진을 포함하는 것이 적절할 수 *있는데*, 이 때 목표 이익은 총액, 혹은 *비용* 또는 *가치*의 일정 비율이다. 최초 시작은 비금융부채를 보유한 기업의 영업이익을 활용할 수 *있다.* 다만, 이 방법론은 이익 마진이 발생한 *비용*에 비례한다고 가정한다. 많은 경우 *비용*에 비례하지 않는 이익 마진을 가정하는 근거가 있다. 이 경우 추정 위험, 합산 *가치* 또는 이행 노력에 기여한 무형자산은 기여 전에 예측한 내용과 동일하지 않다. *비용*이 제3공급자나 계약자의 실제 가격, 견적 가격 또는 추정 가격에서 산출되는 경우, 이 비용은 이미 제3자가 원하는 수준의 이익을 포함할 것이다.

(c) 이행 시기를 결정하고 현재 가치로 할인한다. 할인율은 화폐와 불이행 위험의 시간가치를 고려*한다.* 일반적으로 예상 이행 비용, 이행 이익의 변동과 같은 불확실성의 영향은 할인율이 아니라 현금흐름을 통해 반영하는 것이 좋다.

(d) 이행 *비용*을 수익의 일정 비율로 산출할 때, *감정평가사*는 이행 *비용*이 이미 묵시적으로 할인의 영향을 포함하는지 여부를 고려*한다.* 예를 들어, 용역에 대한 선지급은 계약 기간 전체에 걸쳐 지불하는 것과 비교하여 동일한 용역에 대해 더 적은 비용일 것으로 예상되기 때문에 결과적으로 할인이 포함된 것일 수 *있다.* 결국, 산출된 비용은 묵시적 할인이 포함된 것일 수 *있으므로* 추가 할인은 필요하지 않을 수 *있다.*

70. **비용접근법**

70.1. *참가자*들은 일반적으로 이행 활동에 대한 수익을 기대하므로 비금융부채에서 비용접근법은 제한적으로 적용된다.

70.2. *감정평가사*는 비금융부채 감정평가에 비용접근법 적용 여부를 판단할 때, IVS 105 *감정평가 접근법과 감정평가방법,* 60.2 및 60.3를 *반드시 준수해야* 한다.

80. **비금융부채에 대한 특별 고려사항**

80.1. 다음은 비금융부채의 *감정평가*와 관련된 주제에 대한 개략적인 목록이다.

(a) 비금융부채에 대한 할인율(90)

(b) 현금흐름 및 위험 마진 추정(100)

(c) 양도 제한(110)

(d) 세금(120)

## 90. 비금융부채에 대한 할인율

90.1. 수익접근법의 기본적인 근거는 투자자가 자신의 투자에 대해 수익을 기대하며, 그 수익은 투자에서 인지된 위험 수준을 반영한다는 데 있다.

90.2. *할인율*은 화폐와 불이행 위험의 시간가치를 고려*한다*. 불이행 위험은 일반적으로 거래 상대방 위험(즉, 부채 이행 의무가 있는 기업의 신용 위험)의 작용이다(본 기준 60.5c 참조).

90.3. 국제감정평가기준위원회가 아닌 기구/조직이 공표한 특정 *기준가치*는 부채 별 위험을 구체적으로 고려한 할인율을 요구할 수 있다. *감정평가사*는 반드시 감정평가 기준 시점 당시의 해당 *기준가치*에 관련된 규정, 판례 및 기타 해석 지침을 이해하고 준수*해야* 한다(IVS 200 *기업 및 기업지분*, 30.2 참조)

90.4. *감정평가사*는 화폐와 불이행 위험의 시간가치에 대한 적정 입력 값을 결정할 때, 대상 비금융부채의 기간을 고려*한다*.

90.5. 경우에 따라, *감정평가사*는 불이행 위험에 대한 현금흐름을 명시적으로 조정할 수 *있다*.

90.6. 의무 이행에 필요한 자금을 차입하기 위해 *참가자*가 지불해야 하는 금액을 통해 불이행 위험을 계량화 하는데 도움을 받을 수 *있다*.

90.7. 특정 비금융부채의 장기적 특성을 감안할 때, *감정평가사*는 물가상승이 현금흐름 추정에 포함되었는지 *반드시 고려해야* 하며, 할인율과 예상 현금흐름이 일관되게 설정되었는지 *반드시 확인해야* 한다.

## 100. 현금흐름과 위험 마진 추정

100.1. IVS 105 *감정평가 접근법과 감정평가방법*에 포함된 규정은 비금융부채의 *감정평가* 및 비금융부채 구성요소가 있는 *감정평가*에는 적용되지 않을 수 *있다*(IVS 105 *감정평가 접근법과 감정평가방법*, 50.12 – 50.19 참조). *감정평가사*는 비금융부채의 *감정평가*에 이 장의 90와 100의 규정을 반드시 적용해야 한다.

100.2. 비금융부채의 현금흐름 예측은 확률 *가중* 기대 현금흐름 예측의 도출을 위해 가능 미래 현금흐름에 대한 여러 시나리오의 명시적 모형화가 포함되는 경우가 많다. 이 방법을 흔히 시나리오 기반 방법(SBM: Scenario-Based Method)이라 한다. 시나리오 기반 방법은 몬테카를로법(Monte Carlo simulation)과 같은 특정 시뮬레이션 기법도 포함한다. 시나리오 기반 방법은 일반적으로 미래 지급액이 계약상 정해지지 않고 미래의 사건에 따라 달라질 때 사용된다. 비금융부채 현금흐름이 체계적 위험 요소의 작용인 경우, *감정평가사*는 시나리오 기반 방법의 적절성을 판단*하며*, 옵션가격결정법과 같은 다른 방법을 사용해야 할 수 *있다*.

100.3. 현금흐름 추정은 가능한 한 명시적 가정의 개발과 결합의 고려를 포함한다. 그 가정의 개략적 목록은 다음을 포함할 수 있다.

(a) 제3자가 의무 이행에 필요한 작업을 수행하는데 드는 *비용*

(b) 물가상승, 간접비, 설비료, 이익 마진, 기술 선급금 등을 포함하여, 제3자가 양도 *가격* 결정시 포함하는 기타 가액

(c) 제3자의 *비용* 금액 또는 *비용* 발생 시기가 다양한 미래 시나리오에 따라 달라지는 정도와 해당 시나리오의 상대적 확률

(d) 제3자가 의무에 내재된 불확실성과 예측할 수 없는 상황에 대해 부담하기 위해 요구하고 받을 것으로 기대하는 *가격*

100.4. 기대 현금흐름(즉, 가능한 미래 현금흐름에 대한 확률 *가중* 평균)은 *자산*의 현금흐름에 대한 다양한 기대 결과를 포함하나, *참가자*가 현금흐름의 불확실성을 부담하기 위해 요구하는 보상은 고려하지 않는다. 비금융부채의 경우, 예측 위험에 기대이행 비용과 이행 마진의 변동과 같은 불확실성이 포함될 수 *있다.* 그러한 위험 부담에 대한 보상을 현금흐름 위험 마진이나 *할인율*을 통해 기대 성과에 포함*한다.*

100.5. *할인율*과 *가치* 사이의 반비례 관계를 감안할 때, 예상 위험(즉, 현금흐름의 가액과 시기의 불확실성으로 인해 부담하는 위험에 대한 보상)의 영향을 반영하기 위해서는 *할인율*을 낮추어야 *한다.*

100.6. *할인율* 감소를 통해 예측 위험을 고려할 수 있지만 실제 적용이 제한적임을 감안할 때, *감정평가사*는 위험 마진을 포함하지 않고 *할인율*을 낮춘 근거를 반드시 설명*해야* 하며, 또는 위험 마진이 아닌 *할인율*을 통해 비금융부채의 예상 위험을 고려하도록 규정한 법령, 판례, 기타 해석 지침을 제시*해야* 한다(IVS 200 *기업 및 기업 지분,* 30.2).

100.7. 위험 마진을 설정할 때, *감정평가사*는 반드시 다음을 수행*해야* 한다.

(a) 해당 위험 마진을 설정하기 위해 활용한 방법과 이를 뒷받침할 내용을 문서화 한다.

(b) 중요한 입력 자료에 대한 확인과 그 파생 또는 산출 근거를 포함하여, 위험 마진 도출에 대한 증거를 제시한다.

100.8. 현금흐름의 위험 마진을 설정할 때, *감정평가사*는 반드시 다음을 고려*해야* 한다.

(a) *자산*의 수명/시간 또는 만기 및 입력 자료의 일관성

(b) *자산*의 지리적 위치 및 거래되는 시장의 위치

(c) 예상 현금흐름의 표시 통화

(d) 예측에 포함된 현금흐름 유형, 예를 들어, 현금흐름 예측은 기대 현금흐름(즉, 확률 *가중* 시나리오), 가장 가능성 높은 현금흐름, 계약상 현금흐름 등을 나타낼 수 *있다.*

100.9. 현금흐름의 위험 마진을 설정할 때, *감정평가사*는 다음을 고려*한다.*

(a) 기대 이행 비용과 이행 마진의 확실성이 낮을수록, 위험 마진은 높아야 *한다*.

(b) 여러 기업과 자산 감정평가에서 기간이 비한정적인 것과 달리 비금융부채의 한정된 기간을 감안할 때, 새로운 경험이 불확실성을 감소시키는 수준까지 위험마진이 낮아져야 *하며*, 그 반대의 경우도 마찬가지다.

(c) 결과의 예상 분포 및 특정 비금융부채가 높은 '꼬리 위험' 또는 심각성을 가질 가능성. 분포가 넓고 심각성이 높은 비금융부채는 더 높은 위험 마진을 가져야 *한다*.

(d) 청산의 경우 비금융부채 또는 관련 *자산*의 개별적 권리와 우선권 및 청산의 지급 순위 내에서의 상대적 위치

100.10. 현금흐름의 위험 마진은 가능한 결과 범위를 갖는 의무 이행과 고정 현금 유출을 발생시키는 의무 이행 사이에서 당사자가 어느 한쪽으로 치우치지 않을 수 있는 보상이어야 *한다*.

100.11. *감정평가사*는 철저한 정량적 과정을 수행할 필요는 없지만, 합리적으로 이용 가능한 모든 정보를 고려*한다*.

## 110. 양도 제한

110.1. 비금융부채는 흔히 이전에 대한 제한을 받는다. 그러한 제한은 계약에 의한 것일 수도 있고, 대상 비금융부채의 비유동적 시장의 기능일 수 있다.

110.2. 시장 증거에 의존할 때, *감정평가사*는 기업의 비금융부채 이전 능력과 제한 사항을 반영할 조정이 포함되어야 *하는지* 여부를 고려*한다*. *기준가치*에 따라 고려한 사항을 명시해야 할 수 있으므로, *감정평가사*는 이전 제한이 해당 비금융부채의 특성인지 아니면 기업의 특성인지를 판단할 필요가 있을 수 *있다*(IVS 220 *비금융부채*, 50.9 참조).

110.3. 비금융부채의 가치를 이행접근법에 따라 추정하는 수익접근법에 의존할 때, *감정평가사*는 투자자가 이전 제한을 감안하기 위해 추가 위험 마진이 필요한지 판단*한다*.

## 120. 세금

120.1. *감정평가사*는 비금융부채의 *감정평가*에 세전 현금흐름과 세전 할인율을 적용*한다*.

120.2. 경우에 따라 세후 현금흐름과 할인율을 적용하는 것이 적절할 수 *있다*. 이 때, *감정평가사*는 세후 기준을 적용한 근거를 *반드시* 설명*해야* 하며, 또는 세후 기준의 적용을 규정한 법령, 판례, 기타 해설 지침을 제시*해야* 한다(IVS 200 *기업 및 기업 지분*, 30.2).

120.3. 세후 기준이 적용되면, 비금융부채와 관련된 예상 현금 유출에서 비롯되는 세금 혜택을 포함하는 것이 적절할 수 *있다*.

## IVS 230 재고자산

| 목차 | |
|---|---|
| 개요 | 10 |
| 소개 | 20 |
| 기준가치 | 30 |
| 감정평가 접근법과 감정평가 방법 | 40 |
| 시장접근법 | 50 |
| 수익접근법 | 60 |
| 비용접근법 | 70 |
| 재고자산에 대한 특별 고려사항 | 80 |
| 부가가치의 처리 및 무형자산의 수익 확인 | 90 |
| 기타 취득자산과의 관계 | 100 |
| 재고자산 감손준비금 | 110 |
| 계정 단위 | 120 |

### 10. 개요

10.1. 일반기준에 포함된 규정은 재고자산의 *감정평가* 및 재고자산 구성요소의 *감정평가*에도 적용된다. 이 장에서는 재고자산의 *감정평가*에 적용되는 추가요건을 설명한다.

### 20. 소개

20.1. 재고자산은 향후 생산공정에 사용될 물품(즉, 원재료, 부품, 소모품 등), 생산공정에 사용되는 물품(즉, 재공품), 판매 대기중인 제품(즉, 완제품)을 포함한다.

20.2. 이 장은 작성시 부동산 재고의 여러 다양한 측면을 고려하거나 검토하지 않았으며, 부동산이 아닌 현물 상품의 재고자산 *감정평가*에 중점을 두고 있다. 부동산 *감정평가*는 IVS 400 *부동산 권리*에서 다룬다.

20.3. 재고자산의 장부가액은 취득원가만 기재하고 제조에 사용된 *자산*(운전자본, 자산, 시설, 설비, 및 무형자산 포함)의 수익률을 반영하는 생산과정에서 발생한 이익은 장부가치로 자본화 하지 않는다. 그 결과 재고자산의 *시장가치*는 일반적으로 장부가치와 다르며 대체로 더 높다.

20.4. 재고자산은 중간 단계(예, 재공품)에서 거의 거래되지 않으며, 흔히 유통을 위해 제3자에게 판매되는 것이 아닐 수 있으므로(예, 유통망을 통해 판매되는 완제품), 재고자산의 감정평가 기법과 고려사항은 다른 *자산*과 다르다.

20.5. 재고자산에 대한 감정평가는 다양한 *목적*으로 수행된다. *감정평가*의 목적을 이해하고 재고자산이 다른 *자산*과 별개로 혹은 일단으로 평가되어야 *하는지* (should) 여부를 판단하는 것은 *감정평가사*의 책임이다.

일반적으로 재고자산에 대한 감정평가 요소를 포함하는 상황의 개략적인 예는 다음과 같다.

(a) *재무보고 목적*에서 사업결합, *자산*인수와 매각, 손상 분석에 대한 회계처리와 관련하여 재고자산에 대한 *감정평가*가 필요한 경우가 있다.

(b) 세무보고 *목적*에서 이전 가격 분석, 유산 및 증여세 계획과 신고, 종가세 과세분석과 관련하여 재고자산에 대한 *감정평가*가 필요한 경우가 있다.

(c) 재고자산 감정평가는 소송의 대상이 될 수 *있으며*, 특정 상황에서 *감정평가* 분석이 필요하다.

(d) *감정평가사*는 경우에 따라 일반 컨설팅, 담보 대출 및 거래 지원 계약 및 지급불능의 일환으로 재고자산의 평가를 요청 받는다.

## 30. 기준가치

30.1. IVS 104 *기준가치*에 따라, *감정평가사*는 재고자산 감정평가시 *반드시* 적절한 *기준가치*를 선정*해야* 한다.

30.2. 종종, 재고자산 감정평가는 국제감정평가기준위원회(몇 가지 사례가 IVS 104 *기준가치*에 설명되어 있다)가 아닌 기구/조직이 정의한 *기준가치*를 적용하여 이루어지며, *감정평가사*는 *반드시* 감정평가 기준시점 당시의 해당 *기준가치*에 관련된 규정, 판례 및 기타 해석 지침을 이해하고 준수*해야* 한다.

## 40. 감정평가 접근법과 감정평가방법

40.1. IVS 105, *감정평가 접근법*에 설명된 세가지 감정평가 접근법은 모두 재고자산 *감정평가*에 적용될 수 있다. 아래 설명된 방법은 비용접근법, 시장접근법, 수익접근법의 요소를 동시에 나타낸다. *감정평가사*가 어떤 감정평가방법을 세 가지 감정평가 접근법 중 하나로 분류해야 할 경우, *감정평가사*는 아래 분류에 의존하는 것이 아니라 그 결정을 하기 위한 판단을 해야 *한다*.

40.2. 감정평가 접근법과 감정평가방법을 선정할 때, *감정평가사*는 이 기준의 요건 외에도 10.3을 포함하여 IVS 105, *감정평가 접근법*의 규정을 *반드시* 준수해야 *한다*.

## 50. 시장접근법

50.1. 시장접근법, 즉, 동일하거나 유사한 재화와 관련된 시장 활동에 대한 내용을 재고자산 *감정평가*에 직접 적용하는 것은 한정적이다. 일반적으로 1) 생산된 상품의 재고자산, 또는 2) 생산 공정 중간단계의 재고자산에 대한 시장이 존재하는 경우의 재고자산에 적용된다. 비상품으로 거래되는 제품이나 중간단계에 시장이 존재하는 제품의 경우, 판매 가격은 처분 작업과 관련 이윤을 고려하여 *반드시* 하향 조정되어야 *한다*.

50.2. 대부분의 경우 시장접근법이 직접 적용될 수 없지만, *감정평가사*는 다른 감정평가방법의 자료로서 판매 가격을 결정하기 위해 시장 기반 지표를 고려*한다*.

50.3. 관찰 가능한 시장은 다른 감정평가방법의 자료로도 활용될 수 있는 *자산*의 제조와 처분에 따른 수익을 이해하는 데 도움이 될 수 *있다*. 이 때 수익은 일반적으로 지적재산권으로 인한 수익은 제외하고 고려한다. 그 예는 다음과 같다.

    (a) 사례 기업의 적절한 기반이 확인된다면, 유통업체의 이윤은 처분 과정에서 발생하는 수익에 대한 의미 있는 시장 정보가 될 수 있다.

    (b) 제조 계약업체는 가능한 범위 내에서 제조 과정을 통해 얻는 이윤에 대한 정보를 제공할 수 *있다*.

50.4. *감정평가사*는 재고자산 *감정평가*에 시장접근법을 적용할지 여부를 결정할 때, IVS 105 *감정평가 접근법과 감정평가방법*, 20.2 및 20.3을 반드시 *준수해야* 한다. 또한, *감정평가사*는 다음 기준이 모두 충족되는 경우에만 재고자산 감정평가에 시장접근법을 적용한다.

    (a) 감정평가 기준시점과 가까운 시기에 동일하거나 유사한 재고자산이 관련된 정상 거래에 대한 정보를 얻을 수 있는 경우

    (b) *감정평가사*가 *대상* 재고자산과 거래에 포함된 자산 간의 모든 *상당한* 차이를 조정할 수 있는 충분한 정보가 있는 경우

50.5. 시장가격에 대한 증거가 있는 경우, *감정평가사*는 *대상* 재고자산과 거래에 포함된 자산 간의 차이를 반영하기 위해 이에 대한 조정을 *고려한다*. 이 조정은 *대상* 재고자산과 거래에 포함된 자산의 차별화된 특성을 반영하기 위해 필요하다. 이 때의 조정은 정량적 수준이 아닌 정성적 수준에서만 결정될 수 *있다*. 다만, *상당한* 정성적 조정은 해당 *감정평가*에 다른 접근방법이 더 적합하다는 것을 나타내는 것일 수 *있다*(IVS 105 *감정평가 접근법과 감정평가방법*, 10.1 - 10.10 참조).

## 60. 수익접근법

60.1. 수익접근법을 적용한 재고자산 *감정평가*는 감정평가 이전 시점에 기여한 이익(가치)과 감정평가 이후 시점에 기여한 이익(가치)에 대한 배분을 요한다.

60.2. *감정평가사*는 재고자산 *감정평가*에 수익접근법을 적용할지 여부를 결정할 때, IVS 105 *감정평가 접근법과 감정평가방법*, 40.2 및 40.3를 반드시 *준수해야* 한다.

*하향식(Top-Down) 방법*

60.3. 하향식 방법은 예상 매각 가격에서 시작하여 잔존 *비용*과 예상 이익을 차감하는 잔여법이다.

60.4. 하향식 방법은 측정일 이전에 완료된 행위와 관련 가치를 측정일 이후 완료될 행위와 구분하고자 한다.

60.5. 하향식 방법을 적용하는 주요 단계는 다음과 같다.

    (a) 매각 가격을 추정한다. *감정평가사*는 이용할 수 있는 정보가 있으면 매각 가격을 직접 *확인한다*. 다만, 이런 자료는 없는 경우가 많으며, 매각 가격은 제품 수준 또는 총액 수준에서 완제품의 순 장부가액에 적정 총 이익 마진을 적용하여

추정하는 경우가 많다. 일반적으로, 재고자산이 판매될 기간의 예상 총 이익 마진을 사용한다.

(b) 완성 *비용*(재공품만 해당)을 추정한다. 완성비용은 재공품인 재고자산을 완제품 상태로 만드는데 있어 감정평가일 이후 발생할 모든 직간접 지출을 포함*한다*. 미래 기간에 이익을 발생하는 지출은 제외하도록 완성*비용*을 조정*한다*.

(c) 처분*비용*을 차감한다. 처분*비용*은 감정평가일 이후 최종 소비자에게 완제품을 인도하는데 발생하게 될 *비용*을 나타낸다. 미래의 이익에 관련되는 지출을 제거하도록 처분*비용*을 조정*한다*. 처분비용에는 일반적으로 판매 및 마케팅 비용이 포함되며, 조달 및 제조 비용은 일반적으로 이미 완제품 재고에 포함되어 있다. 처분*비용*을 적절히 책정하기 위해서는 재고 주기상의 각 비용(간접비 포함)이 이미 발생한 것으로서 완제품 재고 *가치*에 기여했거나 처분 과정 중 발생하게 될 잔존 비용으로 분류되어야 *한다*.

(d) 완성 작업(재공품만 해당)과 처분 과정에 대한 이익 수당을 차감한다. 최초 시작은 기업의 영업이익을 활용할 수 *있다*. 다만, 이 방법론은 이익 마진이 발생한 *비용*에 비례한다고 가정한다. 많은 경우 *비용*에 비례하지 않는 이익 마진을 가정하는 근거가 있다(90 참조).

(e) 필요한 보유비용을 고려한다. 재고자산을 매각하는데 필요한 시간과 관련된 기회비용을 계상하기 위해 보유비용의 추정이 필요할 수 *있다*. 또한, *감정평가사*는 요구수익률을 결정할 때 보유기간 동안 발생한 위험을 고려*한다*. 위험은 재고자산 수명 주기의 길이와 최종 소비자와의 계약 내용과 관련될 수 *있다*(예, 제조업자는 완성비용 및 처분비용의 변동 위험을 부담한다). 재고자산 회전율이 높거나 또는 차입율이 낮은 경우 보유비용은 중요하지 않을 수 *있다*.

60.6. 완성*비용*, 처분*비용*, 이익 수당을 결정할 때, *감정평가사*는 미래의 경제적 효익 제공과 관련되어 현재의 수익 창출에 필요하지 않은 비용을 확인하여 제외*한다*. 미래효익 관련 비용의 예는 신제품 개발과 관련된 연구개발비(R&D: research and development), 신제품 마케팅, 인력 확충을 위한 채용, 새로운 영역으로의 확장, 미래 연구를 위한 R&D 시설의 감가상각, 구조 조정 비용이 포함될 수 *있다*.

60.7. 내부적으로 개발된 무형자산은 1) 가상적으로 라이선스가 부여된 것과 같은 *비용*으로 생산 또는 처분*비용*에 포함되어 만들어지거나, 2) 적절한 이익 수당을 결정할 때 기능적 배분의 일부로 고려*한다*.

60.8. 하향식 방법을 사용할 때, *감정평가사*는 주요 단계를 적절하게 적용할 수 있는 충분한 자료가 있는지 검토*한다*. 충분한 데이터가 없으면, 다른 감정평가방법이나 기

법을 적용하는 것이 적절할 수 있다.

60.9. *감정평가사*는 하향식 방법(60.3 내지 60.9)에서 도출된 *가치*를 확인하기 위해 상향식 방법을 사용할 수 있다.

*상향식(Bottom-Up) 방법*

60.10. 상향식 방법을 적용하는 주요 단계는 다음과 같다.

(a) *대상* 재고자산의 장부가치를 결정한다. 장부가치는 여러 고려사항을 위해 조정이 필요할 수 있다(70.4 및 110 참조)

(b) 이미 발생한 구매 및 보유*비용*을 가산한다.

(c) 이미 발생한 완성 소요 *비용*을 가산한다. 이 *비용*은 일반적으로 조달 및 제조 경비를 포함한다.

(d) 이미 발생한 총 *비용*에 이익을 추가한다. 최초 시작은 기업의 영업 이익을 활용할 수 있다. 다만, 이 방법론은 이익이 발생한 *비용*에 비례한다고 가정한다. 많은 경우에 *비용*에 비례하지 않는 이익을 가정하는 근거가 있다(90 참조).

60.11. 이미 발생한 *비용*을 결정할 때, *감정평가사*는 완성 작업에 기여한 내부 개발 무형자산을 고려한다.

## 70. 비용접근법

70.1. 재고자산을 평가하는 주요 감정평가방법은 대체*비용*법이다. 원재료 재고자산은 일반적으로 현재 대체*비용*법을 적용하여 평가한다.

70.2. *감정평가사*는 재고자산 감정평가에 *비용*접근법 적용 여부를 판단할 때, IVS 105 *감정평가 접근법과 감정평가방법*, 60.2 및 60.3를 반드시 준수해야 한다.

*현재 대체비용법 (CRCM: Current Replacement Cost Method)*

70.3. CRCM은 재고자산이 도매 또는 소매로 쉽게 대체될 수 있는 경우 *시장가치*에 대한 좋은 지표를 제공할 수 있다(예, 원재료 재고자산).

70.4. 원재료와 기타 재고자산의 *시장가치*는 감정평가 기준시점 당시의 순 장부가치와 유사할 수 있으나, 일부 조정을 고려해야한다.

(a) 장부가치는 선입선출법(FIFO) 기준으로 조정해야 할 수 있다.

(b) 원재료 가격이 변동하거나 재고자산 회전율이 낮은 경우, 장부가치는 시장 가격의 변동에 따라 조정해야 할 수 있다.

(c) 원재료의 장부가치는 진부화나 결함 있는 제품을 고려하여 감액할 수 있다.

(d) 장부가치는 절도, 파손, 착오, 잘못된 측정 단위, 증발 등으로 인한 회계상 기재된 재고자산과 실제 재고자산 사이의 차이를 위해 감액해야 할 수 *있다.*

(e) 원재료 준비(예, 구매, 보관 및 취급)와 관련하여 발생하는 모든 *비용*에 대한 장부가치를 증가시켜야 할 수 *있다.*

## 80. 재고자산에 대한 특별 고려사항

80.1. 다음은 재고자산 *감정평가*에 관련하여 설명할 개략적인 내용이다.

(a) 무형자산에 대한 부가가치의 창출과정과 수익의 확인(90)

(b) 기타 취득 자산과의 관계(100)

(c) 재고자산 감모 손실 적립금(110)

(d) 계정 단위(120)

## 90. 무형자산에 대한 부가가치의 창출과정과 수익의 확인

90.1. 재고자산의 *감정평가*는 측정일 이전 획득한 이익과 측정일 이후 획득한 이익 사이의 배분을 수반한다. 실제로 얻은 이익은 경비에 비례하지 않을 수 *있다.* 많은 경우에, 측정일 이전 재고자산에 대한 가정 위험, 부가된 가치 또는 무형자산은 측정일 이후의 내용과 동일하지 않다.

90.2. *감정평가사*는 일반적으로 처분비용과 제조비용에 비례하여 이익을 단순히 배분하지 않아야 *한다.* 이 가정은 기업의 생산 공정이 발생한 *비용*에 따른 비율로 이익을 얻는다고 가정하므로 이익을 잘못 배분할 수 있기 때문이다. 제조업체의 경우 원재료 *비용*이 상당한 활동 없이 초기에 현금유출을 일으키므로, 이 방법은 부적절하다. 또한, 이 가정은 최소한의 관련 비용으로 내부적으로 창출된 무형자산의 기여도를 인식하지 못한다.

90.3. *감정평가사*는 부가가치 창출 비용과 그렇지 않은 비용을 구분*한다.* 매출원가의 원재료 부분은 재고자산의 이익 창출에 기여한 것이 아니므로 부가가치 창출 비용이 아닐 수 있다.

90.4. 수익성 증가에 기여하는 내부 개발 무형자산을 보유한 기업의 경우, 해당 무형자산의 수익이 기업의 총 이익 마진에 포함된다. 다만, 무형자산을 소유한 것이든 사용허가를 받은 것이든, 해당 재고자산의 *시장가치*는 동일*하다.*

90.5. *감정평가사*는 기술, 상표 및 고객 관계가 제조와 유통 과정에 관계되는 정도와 수익이 전체 매출기준으로 적용되는지 여부를 결정*한다.* 무형자산이 재고자산을 만드는데 사용된 경우(예, 제조 공정상의 무형자산) 재고자산의 *가치*는 증가한다. 반대로, 무형자산이 미래에 사용될 것으로 예상되는 경우, 처분시점에 재고자산의 *가치*는 감소한다.

90.6. 마케팅 무형자산의 경우, 해당 무형자산이 재고자산의 속성인지 여부를 판단하는 것은 어려울 수 *있다*. 판단에 도움을 받기 위해, *감정평가사*는 시장 *참가자*들이 소비자에게 해당 재고자산을 어떻게 마케팅 하는가(풀(pull) 모형 대 푸시(push) 모형)를 고려할 수 *있다*. 푸시 모형은 재고자산에 대해 상당한 판매 활동을 요하며 마케팅 무형자산에 덜 의존하는 반면, 풀 모형은 소비자를 제품으로 유인하기 위해 강한 브랜드 개발과 인지도에 의존한다.

90.7. 무형자산이 기여하게 되는 시기를 평가하기 위한 기타 고려사항에는 마케팅 지출금액, 제품이 유통업체를 통해 판매되는지 여부, 고객 관계에 대한 손실 수준 및 무형자산과 관련된 법적 권리가 포함될 수 *있다*.

90.8. 기술과 상표로 구성된 의약품 무형자산과 같이, 경우에 따라 무형자산은 가치 창출의 다양한 측면에 기여하는 여러 요소로 구성될 수 있다. 이를 위해서는 무형자산의 각 요소와 관련된 전체 수익이 판매 활동과 비교하여 재고자산의 제조에 어떻게 배분되어야 *하는가(should)*에 대한 평가가 필요하다.

90.9. 마찬가지로 단일 무형자산이 제조나 판매활동 중 하나에만 관련되더라도, 해당 무형자산의 일부는 측정일 이전과 관련되고, 일부는 측정일 이후와 관련될 수 있다. 예를 들어, 완제품에 대한 상표 등의 지적재산권과 연관성을 평가할 때, 해당 제품이 상표 등의 지적재산권과 관련된 개별 브랜드를 가지고 있더라도, 그 브랜드 제품을 판매할 관련 권리는 재고자산 양도와 함께 이전되지 않을 수 *있다*. 따라서, 처분 *비용*에서 이 권리를 고려하는 것이 적절할 수 *있다*.

## 100. 기타 취득 자산과의 관계

100.1. *감정평가사*는 다른 자산이나 부채 *감정평가*와 관련하여 재고자산 감정평가에 사용된 가정 사이에 적절한 일관성을 유지*한다*.

## 110. 재고자산 감모손실 적립금

110.1. *감정평가사*는 재고자산 감모 손실 적립금 잔액을 검토*한다*. 해당 재고자산 관련 적립금 잔액은 전체 재고자산 잔액에 대해 상계하는 것이 아니라 해당 적립금이 적용되는 재고자산에 대해 처리*한다*.

110.2. 일반적으로 재고자산 감모 손실 적립금으로 처리된 재고자산 감손은 순실현가능가치로 조정된 것이므로 평가하지 않는다. 다만, *시장가치*가 순실현가능가치보다 낮을 경우 *감정평가사*는 추가 감액을 고려해야 할 수 있다.

## 120. 계정 단위

120.1. 재고자산 감정평가 *목적*에서, 흔히 재고자산을 단일 동종 *자산* 일체로 가정하는 것이 적절하다. 다만, 이익 마진, 위험 및 무형자산 기여도는 제품이나 제품군에 따라 다를 수 있다.

120.2. 이익 마진, 위험 및 무형자산 기여도가 제품이나 제품군에 따라 다르고, 평가되는 재고자산 구성이 *감정평가*를 위한 가정을 설정하는데 사용된 예상 판매 구성과 일치하지 않는 경우, *감정평가사*는 재고자산의 다른 제품군을 구별하여 평가한다.

# IVS 300 시설과 설비

| 목차 | |
|---|---|
| 개요 | 10 |
| 소개 | 20 |
| 기준가치 | 30 |
| 감정평가 접근법과 감정평가방법 | 40 |
| 시장접근법 | 50 |
| 수익접근법 | 60 |
| 비용접근법 | 70 |
| 시설과 설비에 대한 특별 고려사항 | 80 |
| 자금조달 | 90 |

## 10. 개요

10.1. 일반기준에 포함된 규정은 시설과 설비의 *감정평가*에도 적용된다. 이 장에서는 IVS 300을 적용하는 *감정평가*에 일반기준을 적용하는 방법에 대한 수정, 추가 규정 또는 구체적인 사례만을 다룬다.

## 20. 소개

20.1. 시설과 설비의 항목(간혹 동산의 한 유형으로 분류될 수 *있다*)은 일반적으로 재화나 용역의 제조/생산 또는 공급에 사용하거나, 타인에게 임대하거나, 또는 경영 목적으로 일정 기간동안 사용될 것으로 예상되는 기업이 보유한 유형*자산*이다.

20.2. 기계와 설비를 임대하는 경우, 기계와 설비 항목의 사용권(임대차에서 발생하는 권리 등)도 이 장의 규정을 따른다. 또한 *자산*의 "사용권"은 기초 기계 및 설비 자체의 내용연수와(예방 및 예측 유지보수를 모두 고려한)는 다를 수 있음에 *반드시 주의해야* 하고, 이 경우, 그 사용 가능기간은 *반드시* 명시*해야* 한다.

20.3. 최유효이용이 일단의 *자산*의 일부로 "사용 중"인 *자산*은 *반드시* 일관된 가정을 적용하여 평가*해야* 한다. 하위 체계에 속하는 *자산*을 상위 체계와 독립하여 합리적으로 분리할 수 *없는* 한, 하위 체계는 그 체계 내에서 일관된 가정을 적용하여 평가할 수 *있다*. 이는 하위 체계의 그 하위 체계로 단계적으로 내려간다.

20.4. 무형*자산*은 시설과 설비 *자산* 분류에 포함되지 않는다. 그러나 무형*자산*은 시설과 설비 *자산*의 *가치*에 영향을 미칠 수 있다. 예를 들어, 패턴과 도안의 *가치*는 지적재산권과 불가분의 관계에 있는 경우가 많다. 운영 소프트웨어(OS), 기술 데이터, 생산기록, 특허는 *감정평가* 포함 여부에 따라 시설과 설비 자산의 *가치*에 영향을 미칠 수 있는 또 다른 무형*자산*의 예시다. 이런 경우, 감정평가 과정에서는 무형*자산*의 포함과 그에 따라 시설 및 설비 *자산*의 *감정평가*에 미치는 영향에 대한 고려를

하게 된다. 무형*자산* 관련 요소가 있는 경우, *감정평가사*는 IVS 210 *무형자산*도 준수한다.

20.5. 시설과 설비의 *감정평가*는 일반적으로 *자산* 자체, 자산의 환경 및 물리적·기능적·경제적 잠재력과 관련된 다양한 요소를 고려해야 한다. 따라서, 시설과 설비를 평가하는 모든 *감정평가사*는 시설의 상태를 확인하고, 제시된 정보가 사용 가능하고 평가하는 대상 *자산*과 관련이 있는지를 판단하기 위해 통상 대상 *자산*을 실지조사 *한다*. 이 때, 각 주제별로 고려해야 할 수 있는 요소는 다음과 같다.

(a) 자산 관련

1. *자산*의 기술 명세서
2. 예방 및 예측 유지 보수를 모두 고려한 잔존 내용연수, 경제적 내용연수, 또는 유효 내용연수
3. 유지 관리 이력을 포함한 *자산*의 상태
4. 기능적, 물리적, 기술적 진부화
5. *자산*이 현재 위치에서 평가되지 않는 경우, 해체 및 제거 *비용*과 *자산*의 최적 상태로의 설치 및 가동 같은 *자산*의 해당 위치에서의 구축과 관련된 모든 *비용*
6. 임대 *목적*으로 사용되는 기계와 설비의 경우, 임대 갱신 조건과 기타 임대계약 종료 가능성
7. 보완 *자산*의 잠재적 손실, 예를 들어, 기계의 운영 기간은 기계가 위치한 건물 임대 기간에 의해 단축될 수 *있다*.
8. 추가 장비, 운송, 설치, 가동 등과 관련된 추가 *비용*
9. 구축 중인 시설 내에 있을 수 *있는* 기계와 설비에 대한 과거 원가를 알 수 없는 경우, *감정평가사*는 "EPC(설계(Engineering), 조달(Procurement), 시공(Construction))" 계약을 참고할 수 *있다*.

(b) 환경 관련

1. 제품의 원료 및 시장과 관련된 위치. 원재료가 유한하거나 수요가 일시적인 곳처럼 위치의 적합성 역시 오래 지속되지 못할 수 *있다*.
2. 이용을 제한하거나 운영 또는 해체 비용을 추가로 부과하는 환경 또는 기타 법률의 영향
3. 특정 기계와 설비에 있을 수 있는 방사성 물질은 적절히 사용하지 않거나 적절히 폐기하지 않을 경우 심각한 영향을 미친다. 이는 비용 고려와 환경에 중요한 영향을 미친다.

4. 고체, 액체, 기체 상태의 화학 물질일 수 있는 유독성 폐기물은 *반드시* 전문적으로 보관하고 처리*해야* 한다. 이는 모든 산업 제조에서 매우 중요하다.

5. 특정 국가에서는 특정 기계를 작동하기 위한 허가가 제한될 수 *있다*.

(c) 경제 관련

1. 영업 비용과 수익 또는 잠재적 수익 간의 비교를 기반으로 한 *자산*의 실제적 또는 잠재적 수익성(IVS 200 *기업 및 기업 지분* 참고)

2. 거시적 및 미시적 경제 요인이 수요에 미칠 수 있는 영향과 관련하여 공장에서 제조한 제품에 대한 수요

3. *자산*이 현재 용도보다 더 가치 있는 용도로 사용될 가능성(즉, 최유효이용)

20.6. 시설과 설비의 *감정평가*는 모든 형태의 진부화가 *가치*에 미치는 영향을 반영*한다*.

20.7. IVS 101 *업무범위*, 20.3(d)의 평가하는 *자산*이나 부채를 확인해야 하는 규정을 준수하려면, *가치*에 영향을 미치는 범위에서 해당 *자산*이 다른 *자산*과 부합하거나 종속된 정도를 *반드시* 고려*해야* 한다. 그 예는 다음과 같다.

(a) *자산*은 토지에 영구히 부합할 수 *있으며* 해당 *자산*이나 주변 구조물 또는 건물의 실질적인 철거 없이는 제거할 수 없다.

(b) 개별 기계는 그 기능이 다른 *자산*에 의존하는 통합 생산 시설의 일부일 수 *있다*.

(c) *자산*은 부동산의 구성요소로 분류되는 것으로 볼 수 *있다*(예, 난방, 환기 및 공조 시스템(HVAC)).

위와 같은 경우, *감정평가*에 포함되거나 제외되는 항목을 명확하게 구분할 필요가 있다. 모든 보완 자산의 가용성과 관련된 모든 특별한 가정 역시 *반드시* 명시*되어야* 한다(20.8 참조).

20.8. 건물에 공급 또는 지원되는 서비스와 관련된 시설과 장비는 흔히 건물에 포함되며, 일단 설치되면 분리할 수 없다. 이러한 설비는 일반적으로 부동산 권리의 일부가 된다. 건물에 전기, 가스, 난방, 냉방 또는 환기를 공급하는 주요 기능을 하는 시설과 설비 및 승강기와 같은 설비가 그 예다. *감정평가*의 목적이 이런 설비를 별도로 평가하는 것이라면, 업무범위에는 이러한 설비의 *가치*가 일반적으로 부동산 권리에 포함되며, 현실적으로 분리할 수 *없다*는 취지의 설명이 *반드시* 포함*되어야* 한다. 동일한 위치의 부동산 권리와 설비 및 시설 *자산*의 *감정평가*를 수행하는 감정평가 업무의 경우, 누락이나 중복 집계를 피하기 위해 주의가 필요하다.

20.9. 여러 시설과 설비 항목의 다양한 특성과 수송 가능성으로 인해 일반적으로 평가되는 *자산*의 상황과 환경을 설명하기 위한 추가 가정이 필요하다. IVS 101 *업무범위*, 20.3(k)를 준수하려면, 업무범위에서 이러한 내용을 *반드시* 고려하고 포함*해야* 한다. 다양한 상황에서 적절할 수 있는 가정의 예시는 다음과 같다.

(a) 시설과 설비 *자산*은 운영중인 기업의 일부로서 그 자리에 있는 상태대로 전체로서 평가한다.

(b) 기업이 아직 생산 중에 있지 않다는 가정하에, 시설과 설비 *자산*을 그 자리에 있는 상태대로 전체로서 평가한다.

(c) 기업이 폐쇄되었다는 가정하에, 시설과 설비 *자산*을 그 자리에 있는 상태대로 전체로서 평가한다.

(d) 강제 매각 가정하에, 시설과 설비 *자산*을 그 자리에 있는 상태대로 전체로서 평가한다(IVS 104 *기준가치* 참조).

(e) 시설과 설비 *자산*을 현재 위치에서 철거하기 위한 개별 항목으로 평가한다.

20.10. 예를 들어 시설과 설비의 *가치*에 대한 사업 폐쇄나 운영 중단의 영향을 설명하기 위해 경우에 따라서는, 하나 이상의 가정을 두는 것이 적절할 수 *있다*.

20.11. IVS 103 *감정평가* 보고의 최소한의 규정에 더해, 시설과 설비에 대한 감정평가 보고서는 *반드시* 업무범위에서 정한 사안을 적절히 인용*해야* 한다. 기계의 운영 소프트웨어나 설비가 위치한 토지를 계속 점유할 수 있는 권리와 같이, 실제 또는 추정거래 시나리오에서 제외된 관련 유무형 *자산*의 가치에 미치는 영향에 대한 설명도 *반드시* 보고서에 포함*해야* 한다.

20.12. 시설과 설비의 *감정평가*는 재무보고, 임대, 담보 대출, 처분, 세무, 소송, 파산 절차 등의 다양한 *목적*에서 필요하다.

## 30. 기준가치

30.1. IVS 104 *기준가치*에 따라, *감정평가사*는 시설과 설비를 감정평가 할 때 *반드시* 적절한 *기준가치*를 선택*해야* 한다.

30.2. 적절한 *기준가치*와 관련 가치 전제(IVS 104 *기준가치*, 104 - 170 참조)를 사용하는 것은 시설과 설비가 "사용 중"을 전제로 평가되는지, 정상적인 매각이나 강제 청산(IVS 104 *기준가치* 80.1 참조)을 전제로 하는지에 따라 *가치*가 달라질 수 있으므로 시설과 설비의 *감정평가*에서 매우 중요하다. 대부분의 시설과 설비의 *가치*는 다양한 가치 전제에 특히 민감하다.

30.3. 부동산의 임대계약이 종료되어 적절한 마케팅이 불가능한 기간 내에 *자산*을 철거해야 하는 경우가 강제 청산 상황의 예이다. 그러한 상황이 *가치*에 미치는 영향은 신중히 고려해야 한다. 실현 가능성이 있는 *가치*에 대해 조언을 하기 위해서는 현위치에서의 매매 외에 해당 설비를 주어진 기한 내에 다른 장소로 이전하는 실현 가

능성과 *비용*, 위치 이전에 따른 *가치* 감소와 같은 모든 대안을 고려해야 한다.

## 40. 감정평가 접근법과 감정평가방법

40.1. 국제감정평가기준에서 설명된 세가지 주요 감정평가 접근법은 *자산*의 특성, 이용 가능한 정보, *감정평가*를 둘러싼 사실과 여건에 따라 모두 시설과 설비 *자산*의 *감정평가*에 적용될 수 있다.

## 50. 시장접근법

50.1. 자동차와 특정 유형의 사무기기나 산업 설비와 같은 동일한 종류의 시설 및 설비의 경우, 유사한 *자산*의 최근 거래에 대한 자료가 충분할 수 있으므로 시장접근법이 일반적으로 사용된다. 그러나, 많은 시설과 설비 유형은 전문화되어 해당 설비에 대한 직접적인 거래 자료를 얻을 수 없으므로, 가능한 시장 자료가 적거나 존재하지 않을 때는 가치에 대한 의견을 제시할 때 *반드시* 주의를 기울여야 한다. 이러한 상황에서는 *감정평가*에 수익접근법이나 비용접근법을 선택하는 것이 적절할 수 있다.

## 60. 수익접근법

60.1. 시설과 설비에 대한 *감정평가*에서 해당 *자산*이나 일체의 보완 *자산*에 대한 특정 현금흐름을 식별할 수 있는 경우, 예를 들어, 제조 설비를 구성하는 일단의 *자산*이 판매 가능한 제품을 생산하기 위해 운영되는 경우에 수익접근법을 적용할 수 있다. 그러나, 일부 현금흐름은 무형*자산*에 귀속되어 시설 및 설비의 현금흐름 기여분과 분리하는 것이 어려울 수 있다. 시설이나 설비의 많은 개별 항목들에 수익접근법을 적용하는 것이 일반적으로 실용적이지는 않지만, 하나의 *자산*이나 일단의 *자산*의 경제적 노후화 여부와 정도를 평가하는데 활용될 수 있다.

60.2. 시설과 설비의 감정평가에 수익접근법을 적용하는 경우, *감정평가*는 반드시 자산의 내용연수동안 발생할 것으로 기대되는 현금흐름과 내용연수 종료시의 *자산 가치*를 고려해야 한다. 시설과 설비를 수익접근법으로 평가하는 경우, 무형자산, 영업권 및 기타 기여*자산*과 관련된 *가치* 요소가 제외되었는지 *반드시* 확인해야 한다(IVS 210 *무형자산*).

## 70. 비용접근법

70.1. 비용접근법은 일반적으로 시설과 설비, 특히 전문화되거나 특수 용도의 시설인 개별 *자산*의 경우 적용한다. 그 첫 번째 단계는 재생산비용 또는 대체 원가 중 더 낮은 것을 참고하여 대상 *자산*을 교체하는 시장 *참가자*의 *비용*을 추정하는 것이다. 대체원가는 동등한 효용의 대체 *자산*을 획득하기 위한 *비용*으로, 동일한 기능을 제공하는 최신의 동등 *자산*이거나 대상 *자산*의 정확한 복제품을 재생산하는 *비용*일 수 있다. 대체 원가가 결정된 후, 물리적·기능적·기술적·경제적 노후화가 *가치*에 미치는 영향을 반영하기 위해 *가치*를 조정한다. 어떠한 경우이든, 특정 대체 원가에 대한 조정은 결과와 효용의 관점에서 최신의 동등 *자산*과 같은 *비용*을 산출하도록 설계한다.

70.2. 특정 상황에서는 기업의 *자산* 취득이나 조성에서 발생하는 실제 *비용*을 *자산*의 대체 원가로 사용하는 것이 적절할 수 *있다*. 다만, *감정평가사*는 이러한 과거 원가 정보를 사용하기 전에 다음 사항을 고려*한다*.

   (a) 과거 지출 시기: 시장 가격 변동, 물가상승/하락, 또는 다른 요인으로 인해 최근에 발생한 것이 아니라면 기업의 실제 *비용*은 적절하지 않을 수 있으며, 감정평가 기준시점으로 물가상승/물가연동에 대해 조정해야 할 수 *있다*.

   (b) *기준가치* : 특정 시장 *참가자*의 자체 원가계산이나 이익 마진을 채택할 경우, 일반적인 시장 *참가자*가 지불했을 금액과 다를 수 있으므로 *반드시 주의를 기울여야 한다*. 또한, *감정평가사*는 선구매에 대한 회계처리나 중고 시설과 설비 *자산*의 구매로 인해 발생한 기업의 *비용*이 과거의 것이 아닐 수 있는 가능성을 *반드시* 고려해야 *한다*. 어떤 경우이든, 과거의 비용은 적절한 지수를 사용하여 *반드시 조정해야* 한다.

   (c) 구체적인 포함 비용: *감정평가사*는 반드시 포함된 모든 상당한 비용을 고려해야 하고, 그 비용이 해당 *자산*의 *가치*에 기여한 것인지 여부 및 일부 *기준가치*의 경우 발생 *비용*에 어느 정도의 이익 마진이 적절할 수 있는지를 반드시 고려*해야* 한다.

   (d) 비시장 구성요소: 일반적인 시장 *참가자*에 의해 발생한 것이 아니거나, 일반적인 시장 참가자에게는 가능하지 않은 모든 *비용*, 할인, 또는 보조금은 제외*한다*.

70.3. 대체 원가 산출 후, 해당되는 물리적·기능적·기술적·경제적 노후화를 반영하도록 반드시 공제*해야* 한다(IVS 105 *감정평가 접근법과 감정평가방법*, 80 참조).

*용량 대비 비용법 (Cost-to-Capacity Method)*

70.4. 용량 대비 비용법에서는, 용량이 다른 유사한 *자산*의 *비용*을 참고하여 실제 용량 또는 요구 용량을 가진 *자산*의 재조달원가를 결정할 수 있다.

70.5. 용량 대비 비용법은 일반적으로 다음 두 가지 중 한가지 방법을 사용한다.

   (a) 다른 용량을 가진 *자산*에 대한 재조달원가를 알 수 있는 경우, 특정 용량을 가진 *자산*의 재조달원가를 추정한다(두 대상 *자산*의 용량이 해당 *비용*의 단일 *자산*으로 대체될 수 있는 경우 등)

   (b) 대상 *자산*이 초과 용량을 가진 경우, 예측 가능한 수요와 일치하는 최신 동등 *자산*의 재조달원가를 추정한다(경제적 노후화 조정의 일환으로, 효용 부족에 대한 비용을 측정하는 수단으로서).

70.6. 이 방법은 동일한 지역내에 위치하는 동일한 설계 용량의 정확한 비교 가능한 설비가 존재하지 않는 한, 검토 방법으로만 사용될 수 *있다*.

70.7. *비용과 용량 간의 관계는 선형이 아닌 경우가 많으므로*, 일종의 지수 조정이 필요할 수 *있다*.

### 80. 시설과 설비에 대한 특별 고려사항

80.1. 다음에서는 시설과 설비의 *감정평가*에 관련된 개략적인 자금 조달에 대해 다룬다.

### 90. 자금 조달

90.1. 일반적으로, *자산*의 *가치*는 자금 조달 방법과 무관하다. 그러나, 경우에 따라 시설과 설비 항목의 자금 조달 방식과 해당 자금의 안정성을 *감정평가*에서 고려해야 할 수 있다.

90.2. 시설과 설비의 항목은 임대 또는 자금 계약의 대상일 수 있다. 따라서, 해당 자금 계약에 따라 임대인이나 대여자에게 미지급 잔액을 지불하지 않고 *자산*을 매각할 수 없다. 이 지불액은 해당 산업에서 이례적인/과도한 정도로 저당이 설정되지 않은 설비의 *가치*를 초과할 수도 있고, 초과하지 않을 수도 있다. *감정평가*의 목적에 따라, 담보 *자산*을 식별하고, 그 담보 *자산*과 구분하여 *가치*를 보고하는 것이 적절할 수 있다.

90.3. 운용리스의 대상인 시설과 설비 항목은 제3자의 재산이며, 따라서 특정 조건을 충족하는 임차인의 *자산*에 대한 *감정평가*에는 포함되지 않는다. 다만, 해당 설비의 존재가 함께 사용하는 소유하고 있는 *자산*의 가치에 영향을 미칠 수 있으므로, 이러한 *자산*은 기록이 필요할 수 있다. 어떤 경우이든, *감정평가* 수행 전에 *감정평가사*는 자산이 운용리스, 금융리스, 또는 대출이나 기타 다른 담보 대출의 대상인지를 확인한다(*의뢰인* 및/또는 자문인과 함께). 그 확인 결과와 다양한 *감정평가*의 목적이 적절한 기준과 감정평가 방법에 영향을 미친다.

# IVS 400 부동산 권리

| 목차 | |
|---|---|
| 개요 | 10 |
| 소개 | 20 |
| 기준가치 | 30 |
| 감정평가 접근법과 감정평가방법 | 40 |
| 시장접근법 | 50 |
| 수익접근법 | 60 |
| 비용접근법 | 70 |
| 부동산 권리에 대한 특별 고려사항 | 80 |
| 권리의 우선순위 | 90 |
| 임대료 | 100 |

## 10. 개요

10.1. 일반기준에 포함된 규정은 부동산 권리의 *감정평가*에도 적용된다. 이 장에서는 부동산 권리 *감정평가*에 대한 추가 규정을 다룬다.

## 20. 소개

20.1. 부동산 권리는 국가나 개별 *관할권*의 법으로 정의하며, 흔히 국가나 지역 법률의 규제를 받는다. 경우에 따라서는, 정당한 개인, 공유체/공동체, 또는 집단적 권리에 의해 비공식적이고 전통적이며 문서화되지 않고 등록되지 않은 방식으로 토지와 건물을 보유한다. 부동산 권리에 대한 *감정평가*를 하기 전에, *감정평가사*는 평가 대상 권리에 영향을 미치는 관련 법적 체계를 *반드시* 이해*해야* 한다.

20.2. 부동산 권리는 토지와 건물을 소유, 통제, 사용하거나, 점유할 수 있는 권리이다. 부동산 소유권은 소유, 점유 및 사용권의 형태를 취할 수 있는 공유체/공동체와 집단 또는 부족 토지 및 도시/농촌의 비공식 정착지나 전환 경제에 대한 비공식 보유권을 포함한다.

소유권에는 세 가지 유형이 있다.

(a) 경계 내 토지에 대한 상위 권리. 이 권리의 소유자는 해당 토지와 그 위의 건물을 영구적으로 소유하고 지배할 완전한 권리를 가지며, 하위 권리와 법적 또는 기타 법률상 강제력이 있는 구속의 대상이 된다.

(b) 일반적으로 그 보유자에게 임대 계약 조건 등과 같이 한정된 기간 동안 경계 내 토지와 건물을 배타적으로 소유하고 지배할 권리를 주는 후순위 권리

(c) 토지를 통과하거나 특정 활동을 위해서만 사용할 수 있는 권리처럼 배타적 소유나 통제 권한 없이 토지나 건물을 사용할 수 있는 권리

20.3. 무형*자산*은 부동산 *자산* 분류에 속하지 않는다. 다만, 무형*자산*은 부동산 *자산*과 연관되어 *가치*에 중요한 영향을 미칠 수 *있다*. 따라서, 감정평가에 포함되거나 제외되는 부분을 업무범위에 명확하게 하는 것이 중요하다. 예를 들어, 호텔 *감정평가*는 해당 호텔 브랜드와 불가분의 관계일 수 있다. 이런 경우 감정평가 과정에는 무형*자산*의 포함, 부동산 및 시설과 설비 *자산*의 *감정평가*에 미치는 영향에 대한 고려가 포함된다. 무형*자산*의 요소가 있을 때, *감정평가사*는 IVS 210 *무형자산* 규정 역시 준수한다.

20.4. 다른 *관할권*에서 부동산 권리의 이런 유형을 설명하는 데에 다른 단어와 용어를 사용하더라도, 무제한적인 절대적 소유권, 한정된 기간 동안의 배타적 권리, 또는 특정 목적을 위한 비배타적 권리의 개념은 대체로 공통된다. 토지와 건물의 부동성은 교환으로 이전되는 것이 물리적인 토지와 건물이 아닌 당사자가 보유하고 있는 권리임을 의미한다. 따라서, *가치*는 물리적인 토지와 건물이 아닌 법적 권리에 부가된 것이다.

20.5. IVS 101 *업무범위*, 20.3(d)에 따라 평가하는 *자산*을 확인하는 요건을 준수하려면 다음 사항이 *반드시 포함되어야* 한다.

   (a) 평가하는 부동산 권리에 대한 확인

   (b) 평가하는 권리에 영향을 미치는 모든 상위 또는 후순위 권리에 대한 확인

20.6. IVS 101 *업무범위*, 20.3(i)와 IVS 102 *실지조사와 기준 준수*에 따른 실지조사의 범위 및 자료의 성격과 출처를 명시하도록 한 규정을 준수하기 위해서는 다음 사항을 고려한다.

   (a) 가능하다면, 대상 부동산 권리와 모든 관련 권리를 확인하는데 필요한 자료

   (b) 실지조사의 범위

   (c) 부지 면적과 특성 및 건물 연면적 정보에 대한 책임

   (d) 모든 건물의 상세 정보와 상태 확인에 대한 책임

   (e) 업무의 성격, 상세 내용 및 적절성에 대한 조사 범위

   (f) 지반 조건과 토양 상태에 대한 자료 유무

   (g) 실제적 또는 잠재적 환경 위험 식별에 대한 책임

   (h) 토지와 건물 사용에 대한 법적 승인 또는 제한 및 법적 승인과 제한에 대해 예상되는 변경 또는 잠재적인 변경

20.7. IVS 101 *업무범위*, 20.3(k)를 준수하기 위해 합의와 확인이 필요할 수 *있는* 특별한 가정에 대한 일반적인 예시는 다음과 같다.

(a) 계획된 건물이 감정평가 기준시점에 완공된 것으로 가정하는 것처럼, 명시된 물리적 변동이 이미 발생한 것으로 가정한다.

(b) 감정평가 기준시점에 공실인 건물이 임대되었거나 임대중인 건물이 공실인 것으로 가정하는 것처럼, 부동산 상태에 변동이 있었다고 가정한다.

(c) 다른 기존의 권리는 고려하지 않고 해당 권리를 평가하는 것으로 가정한다.

(d) 해당 부동산에 오염이나 다른 환경 위험이 없는 것으로 가정한다.

20.8. 부동산 권리의 *감정평가*는 담보 대출, 매도, 매수, 과세, 소송, 보상, 파산 절차 및 재무 보고를 비롯한 다양한 *목적*을 위해 필요하다.

## 30. 기준가치

30.1. IVS 104 *기준가치*에 따라, *감정평가사*는 부동산 권리의 감정평가시 적절한 *기준가치*를 반드시 선정*해야* 한다.

30.2. 대부분의 *기준가치*에서, *감정평가사*는 반드시 부동산의 현재 이용상황과 다를 수 있는 최유효이용을 고려*해야* 한다(IVS 104 *기준가치* 30.3 참조). 이 판단은 어떤 용도에서 다른 용도로 변경되거나 개발 가능성이 있는 경우 특히 중요하다.

## 40. 감정평가 접근법과 감정평가방법

40.1. IVS 105 *감정평가 접근법과 감정평가방법*에서 서술된 세 가지 감정평가 접근법은 부동산 권리의 *감정평가*에도 모두 적용될 수 있다.

40.2. 감정평가 접근법과 감정평가방법을 선정할 때, 이 장의 규정과 더불어 *감정평가사*는 *반드시* 10.3와 10.4를 포함한 IVS 105 *감정평가 접근법과 감정평가방법*의 규정을 준수*해야* 한다.

## 50. 시장접근법

50.1. 부동산 권리는 일반적으로 다차원적이다(즉, 다양한 특성을 가진다). 시장에서 교환되는 토지와 건물이 물리적으로 동일한 특성을 가지고 있더라도, 그 위치가 다를 것이다. 이런 차이점에도 불구하고, 시장접근법은 부동산 권리의 *감정평가*에 일반적으로 적용된다.

50.2. *감정평가* 대상을 다른 부동산 권리 *가격*과 비교하기 위해, *감정평가사*는 평가하는 *자산* 유형에 따라 일반적으로 인정되고 *참가자*들이 고려하는 적절한 비교 단위를 채택*한다*. 비교 단위는 일반적으로 다음을 포함한다.

(a) 건물의 제곱미터(또는 제곱피트), 혹은 토지 헥타르당 가격
(b) 방 당 가격

(c) 수확량과 같은 산출물 단위당 가격

50.3. 비교 단위는 대상 부동산과 비교 가능한 부동산의 각 분석에서 일관되게 채택되고 적용할 때만 유용하다. 가능한 한, 모든 적용된 비교 단위는 관련된 시장의 *참가자*들이 일반적으로 적용하는 것이어야 *한다*.

50.4. 감정평가 과정에서 비교 가능한 가격 자료에 적용할 수 있는 신뢰 수준은 해당 자료가 주어진 부동산과 거래사례의 다양한 특성을 평가 대상 부동산과 비교하여 판단한다. IVS 105 *감정평가 접근법과 감정평가방법*, 30.8를 준수하기 위해 다음의 차이를 고려*한다*. 부동산 권리를 감정평가 할 때 고려*하는* 구체적인 차이점은 다음과 같지만 이에 국한되지는 않는다.

(a) 가격 자료가 제공되는 권리 유형 및 평가되는 권리 유형
(b) 각각의 위치
(c) 토지의 개별적인 특성 또는 건물의 경과연수와 상세 내역
(d) 각 부동산의 허가 용도 또는 용도지역
(e) *가격*이 결정된 상황과 요구된 *기준가치*
(f) 가격 자료의 가격 시점과 감정평가 기준시점
(g) 관련 거래시점 당시의 시장 상황과 감정평가 기준시점 당시 상황과의 차이

## 60. 수익접근법

60.1. 수익접근법에 따라 *가치*를 산정하기 위해 사용되는 다양한 감정평가방법이 있지만, 모든 방법은 해당 권리의 소유자가 창출하거나 창출할 수 있는 실질 또는 기대 수익을 기반으로 한 *가치*라는 공통적인 특성을 갖는다. 투자 부동산의 경우 수익은 임대료의 형태일 수 있으며(90.1 - 90.3 참조), 소유자 점유 건물의 경우에는 소유자가 동등한 공간을 임대하는데 드는 비용에 기반한 가상 임대료(또는 임대료 절감액)가 될 수 있다.

60.2. 일부 부동산 권리의 경우, 수익 창출이 가능한 부동산은 특정 용도나 사업/영업활동(예, 호텔, 골프장 등)에 밀접하게 관련되어 있다. 건물이 특정 유형의 영업활동에만 적합한 경우, 수익은 흔히 해당 건물 소유자가 해당 영업활동에서 얻을 수 있는 실질 혹은 잠정 현금흐름에 관련된다. 자산의 거래 가능성을 사용하여 그 *가치*를 나타내는 것을 흔히 "수익 방법"이라고 한다.

60.3. 수익접근법에서 사용된 수익이 기업/영업활동에서 얻은 현금흐름을 나타내는 경우(임대, 유지관리, 기타 부동산 고유 비용과 관련된 현금흐름이 아닌), *감정평가사*는 IVS 200 *기업 및 기업 지분*의 규정과, 해당된다면 IVS 200 *무형자산*의 규정 역시 준수*한다*.

60.4. 부동산 권리의 경우, 다양한 형태의 현금흐름 할인 방법이 사용될 수 *있다*. 이 방법들은 세부적으로는 다르지만, 한정된 미래 기간 동안의 현금흐름을 할인율을 사용하여 현재가치로 조정한다는 기본 특성을 공유한다. 현금흐름 할인 방법의 *할인율*은 화폐의 시간 비용 및 해당 소득 흐름에 대한 위험과 보상을 기반으로 한다.

60.5. 할인율 도출에 대한 자세한 내용은 IVS 105 *감정평가 접근법과 감정평가방법*, 50.29 - 50.31에 포함되어 있다. 수익률 또는 할인율 설정은 *감정평가*의 목적에 따라 영향을 받아야 *한다*. 그 예는 다음과 같다.

(a) *감정평가*의 목적이 특정 소유자나 잠재 소유자에게 그들의 투자 기준에 기반한 *가치*를 제시하는 것이라면, 사용된 수익률은 그들의 요구수익률이나 가중 평균자본 비용을 반영할 수 *있다*.

(b) *감정평가*의 목적이 *시장가치*를 제시하는 것이라면, 할인율은 *참가자*들이 시장에서 거래하는 부동산 권리에 대해 지불하는 가격에 내재된 수익률을 관찰하여, 또는 가상 *참가자*의 요구수익률에서 도출할 수 있다. 할인율이 시장 거래의 분석을 기반으로 할 때, *감정평가사*는 IVS 105 *감정평가 접근법과 감정평가방법*, 30.7 및 30.8에 포함된 규정도 준수해야 *한다*.

60.6. 적절한 할인율은 특정 부동산 권리 고유의 추가 위험과 기회에 대해 조정된 전형적인 "무위험" 수익률로부터 산출될 수 *있다*.

## 70. 비용접근법

70.1. 비용접근법을 적용할 때, *감정평가사*는 반드시 IVS 105 *감정평가 접근법과 감정평가방법*, 70.1 - 70.4에 규정된 지침을 따라야 한다.

70.2. 비용접근법은 일반적으로 대체원가법의 감가수정을 통해 부동산 권리의 *감정평가*에 적용된다.

70.3. 비용접근법은 유사한 부동산에 대한 거래 자료가 없거나 관련 권리의 소유자에게 발생한 실질적인 혹은 명목상의 소득 흐름이 구별되지 않는 경우 주 접근법으로 적용될 수 *있다*.

70.4. 시장 거래 가격 자료가 있거나 식별 가능한 현금흐름이 있는 경우에도, 비용접근법을 두번째 접근법 또는 보강적 접근법으로 적용할 수 *있다*.

70.5. 첫번째 단계는 대체 원가를 산출해야 한다. 이는 일반적으로 관련 감정평가 기준시점에 대상 물건을 현재의 등가물로 대체하는 *비용*이다. *참가자*에게 동일 효용을 제공하기 위해 등가물이 대상 부동산의 복제물이어야 하는 경우는 예외이며, 이 때의 대체원가는 현재의 등가물로의 대체가 아니라 대상 부동산을 재생산하거나 복제하는 비용이다. 대체비용은 토지 *가치*, 기반시설, 설계 수수료, 금융 비용 및 개발업자 이윤과 같이 *참가자*가 동일 효용의 *자산*을 조성하는데 발생하는 모든 적절한 부수적 *비용*을 *반드시* 반영*해야* 한다.

70.6. 현재 등가물의 비용은 *반드시* 적절한 물리적·기능적·기술적·경제적 노후화에 따라 수정 *해야* 한다(IVS *감정평가 접근법과 감정평가방법*, 80 참조). 노후화에 대한 수정의 목적은 대상 부동산이 현재의 등가물에 비해 잠재적 매수인에게 얼마나 가치가 낮은지 또는 낮을 수 있는지 추정하는 것이다. 노후화는 현재의 등가물과 비교한 대상 부동산의 물리적 상태, 기능적·경제적 효용을 고려한다.

## 80. 부동산 권리에 대한 특별 고려사항

80.1. 다음 단락에서는 부동산 권리의 *감정평가*와 관련된 추가적인 내용을 다룬다.

(a) 권리의 우선 순위(90)
(b) 임대료(100)

## 90. 권리의 우선 순위

90.1. 여러 유형의 부동산 권리는 상호 배타적이지 않다. 예를 들어, 상위 권리는 하나 이상의 후순위 권리가 있을 수 *있다*. 완전 권리의 소유자는 자신의 권리 일부나 전부에 대해 임차권을 부여할 수 *있다*. 완전 권리의 소유자가 직접 부여한 임차권은 "주임대차" 권리이다. 해당 임대차 계약의 조건에서 금지하지 않는 한, 주 임대차에 의한 권리를 보유한 자는 제3자에게 그 권리의 전부나 일부에 대한 임대를 할 수 있으며, 이는 전대차 권리라 한다. 전대차 권리는 그 권리가 발생한 주 임대차 계약보다 항상 짧거나 동일하다.

90.2. 이러한 부동산 권리는 다음의 예에서 설명하는 바와 같이 고유한 특성을 가진다.

(a) 완전 권리가 영구적으로 절대적 소유권을 주지만, 후순위 권리에 영향을 받을 수 *있다*. 임대차, 이전 소유자가 부과한 제한, 또는 법령에 의해 부과된 제한이 이러한 후순위 권리에 포함될 수 있다.

(b) 임대차 권리는 한정된 기간을 가지며, 그 부동산은 기간 종료시에 해당 임대차 권리를 부여한 상위 권리 보유자에게 상환된다. 임대차계약은 일반적으로 임차인에게 임대료나 다른 비용 지급과 같은 의무를 부과한다. 또한 부동산을 이용할 수 있는 방식이나 제3자에게 권리 양도와 같은 조건 또는 제약을 둘 수 *있다*.

(c) 사용권은 영구적으로 보유할 수 *있으며*, 또는 한정된 기간동안 보유할 수 *있다*. 이 때 권리는 임대료를 지급하는 또는 기타 특정 조건을 준수하는 사용자에 따라 달라질 수 *있다*.

90.3. 부동산 권리를 평가할 때는 권리 보유자에게 발생하는 권리의 성격을 확인하고, 동일 부동산의 다른 권리 여부로 인해 부과된 제약이나 부담을 반영해야 한다. 동일 부동산의 다양한 권리에 대한 개별 *가치*의 총합은 흔히 제약이 없는 상위 권리에 대한 *가치*와 다를 것이다.

## 100. 임대료

100.1. IVS *기준가치*에서는 시장임대료를 하나의 *기준가치*로 다룬다.

100.2. 임대차의 대상이 되는 상위 권리나 임대차에 의해 생성된 권리를 평가할 때, *감정평가사*는 *반드시* 계약임대료를 고려하고, 이와 다른 경우에는 시장임대료를 고려*해야* 한다.

100.3. 계약임대료는 실제 임대차 조건에 따라 지불하는 임대료이다. 이는 임대기간 동안 고정되거나 변동될 수 있다. 임대료 변동을 계산하는 빈도와 기준은 임대 계약서에 명시되며, 임대인에게 발생하는 총 이익과 임차인의 책임을 설정하기 위해 *반드시* 이를 확인하고 이해*해야* 한다.

## IVS 410 개발 부동산

| 목차 | |
|---|---|
| 개요 | 10 |
| 소개 | 20 |
| 기준가치 | 30 |
| 감정평가 접근법과 감정평가 방법 | 40 |
| 시장접근법 | 50 |
| 수익접근법 | 60 |
| 비용접근법 | 70 |
| 개발 부동산에 대한 특별 고려사항 | 80 |
| 잔여법 | 90 |
| 기존 자산 | 100 |
| 재무보고에 대한 특별 고려사항 | 110 |
| 담보 대출에 관한 특별 고려사항 | 120 |

### 10. 개요

10.1. 일반기준 IVS 101에서 IVS 105까지 포함된 규정은 개발 부동산의 *감정평가*에도 적용된다. 이 장에서는 본 기준을 적용하는 *감정평가*에 일반기준을 적용하는 방법에 대한 수정, 추가 요건 또는 특정 예시만을 포함한다. 개발 부동산의 *감정평가*는 반드시 IVS 400 *부동산 권리* 역시 준수해야 한다.

### 20. 소개

20.1. 이 장에서 개발 부동산은 최유효이용을 위해 재개발이 필요한 권리 또는 감정평가 기준시점에 개발이 계획 중이거나 진행중인 경우의 권리로 다음을 포함한다.

(a) 건물의 건축

(b) 기반 시설이 제공되는 미개발 토지

(c) 이미 개발된 토지의 재개발

(d) 기존 건물이나 구조물의 개선 또는 변경

(e) 법령상의 계획으로 개발을 위해 책정한 토지

(f) 법령상의 계획으로 고부가가치 용도 또는 고밀도를 위해 책정된 토지

20.2. 여러 목적을 위해 개발 부동산의 *감정평가*가 필요할 수 있다. *감정평가*의 목적을 이해하는 것은 *감정평가사*의 책임이다. 개발에 대한 감정평가가 필요할 수 있는 상황의 개략적인 예시 목록은 다음과 같다.

(a) 계획된 프로젝트의 재무적 타당성을 확인하는 경우

(b) 일반적인 컨설팅 및 매수와 담보 대출을 위한 거래 지원의 일환인 경우

(c) 개발 부동산에 흔히 필요한 종가세 과세 분석을 위한 세무 보고 목적인 경우

(d) 지분권자 분쟁 및 손상 분석과 같은 상황에서 감정평가 분석이 필요한 소송의 경우

(e) 기업 합병, *자산* 인수, 매각을 위한 회계 및 감가상각 분석과 관련하여 흔히 개발 부동산의 *감정평가*가 필요한 재무보고 목적의 경우

(f) 강제 취득과 같이 개발 부동산의 *감정평가*가 필요할 수 있는 법적 또는 규제적 사건의 경우

20.3. 개발 부동산을 *감정평가* 할 때, *감정평가사*는 해당 *자산* 또는 부채 유형에 적용 가능한 기준을 *반드시 준수해야* 한다(예, IVS 400 부동산 권리).

20.4. 개발 부동산의 잔여가치나 토지 가치는 완료된 프로젝트에서 도출된 수익이나 소득, 발생할 모든 개발 비용과 관련된 가정, 또는 계획의 변동에 매우 민감할 수 있다. 이는 적용된 감정평가 방법에 관계없이 감정평가 기준시점과 관련하여 수집된 다양한 조사 자료 들에도 적용된다.

20.5. 이 민감도는 프로젝트 *비용*이나 개발 완료 시 *가치*의 *상당한* 변동에 대한 영향에도 적용된다. 건축 프로젝트 기간 동안 *가치*의 *상당한* 변동에 대해 사용자가 우려할 수 있어, 이를 목적으로 *감정평가*가 필요한 경우(예, 담보 대출 목적이나 프로젝트의 실행 가능성 확보를 위한 *감정평가*), *감정평가사*는 건축 비용이나 프로젝트의 수익성에 의한 최종 가치와 부분 완공된 부동산 *가치*가 변동할 가능성에 의한 잠재적 불균형 효과를 *반드시 강조해야* 한다. 적절한 설명이 부가된다면 민감도 분석이 이 목적에 유용할 수 있다.

## 30. 기준가치

30.1. IVS 104 *기준가치*에 따라, *감정평가사*는 개발 부동산 감정평가 시 반드시 적절한 *기준가치*를 선정*해야* 한다.

30.2. 개발 부동산 *감정평가*는 프로젝트 완료시의 조건이나 상태와 관련하여 흔히 *상당한* 수의 일반적 가정과 특별한 가정을 포함한다. 예를 들어, 개발이 완료 되었다거나 해당 부동산이 완전히 임대되었다는 특별한 가정을 설정할 수 있다. IVS 101 *업무범위*에 따라, 감정평가 계약의 모든 당사자는 *감정평가*에 사용된 *상당한* 가정과 특별한 가정에 대해 *반드시 소통하여야* 하며, 반드시 업무범위를 합의하고 확인*해야* 한다. 제3자가 감정평가 결과에 의존할 수 있는 경우에도 특별한 주의가 필요할 수 있다.

30.3. 지반 상태를 아직 조사하지 않은 경우처럼, 잠재적인 미래 개발에 영향을 미칠 수 있는 개발 부동산의 모든 특징을 확인하는 것이 비현실적이거나 불가능한 경우가 많다. 이런 경우, 가정을 설정하는 것이 적절할 수 있다(예, *상당한* *비용* 증가를 초래할 수 있는 비정상적인 지반 조건이 없다는 가정). 이때의 가정이 *참가자*가 하지

않을 가정이라면, 특별한 가정으로 제시하여야 한다.

30.4. 프로젝트가 처음 계획된 이후 시장에 변화가 있는 상황에서는 건설중인 프로젝트는 더 이상 그 토지의 최유효이용이 아닐 수 *있다*. 이런 경우, 시장 매수인은 일부 완공된 구조물을 철거하거나 다른 프로젝트에 이를 사용할 수 있으므로, 처음 계획했던 프로젝트를 완료하는 *비용*은 무의미할 수 *있다*. 건설중인 개발 부동산의 *가치*는 대체 프로젝트의 현재가치 및 해당 프로젝트를 완료하는데 드는 *비용*과 위험을 반영해야 한다.

30.5. 일부 개발 부동산의 경우, 특정 용도 또는 사업/영업활동과 밀접한 관련이 있거나, 또는 완공된 부동산이 일정한 지속 가능 수준으로 거래될 것이라는 특별한 가정이 설정된다. 이런 경우, *감정평가사*는 적절하다면, IVS 200 *기업 및 기업 지분*을, 또한 해당된다면 IVS 210 *무형자산* 역시 *반드시 준수해야* 한다.

## 40. 감정평가 접근법과 감정평가방법

40.1. IVS 105 *감정평가 접근법과 감정평가방법*에 서술된 세가지 감정평가 접근법은 부동산 권리의 *감정평가*에 모두 적용할 수 *있다*. 개발 부동산의 *감정평가*와 관련된 두 가지 주요 접근법은 다음과 같다.

(a) 시장접근법(50 참조)

(b) 시장접근법, 수익접근법, 비용접근법이 혼합된 잔여법(40 - 70 참조). 잔여법은 완공된 "총 개발 가치"에서 개발비용 및 개발부동산의 잔여 가치도출을 위한 개발자의 수익 차감을 기반으로 한다.

40.2. 감정평가 접근법과 감정평가방법을 선정할 때, *감정평가사*는 *반드시* 이 기준의 요건 외에도 10.3를 포함하여 IVS 105, *감정평가 접근법과 감정평가방법*의 규정을 *준수해야* 한다.

40.3. 감정평가 접근법은 요구되는 *기준가치* 뿐만 아니라 최근 거래 수준, 프로젝트의 개발 단계 및 프로젝트 시행 이후 부동산 시장의 움직임과 같은 특정 사실 및 상황에 따라 달라지며, 그런 상황에 가장 적절한 것이어야 *한다*. 따라서 가장 적합한 접근법 채택에 대한 판단이 중요하다.

## 50. 시장접근법

50.1. 일부 유형의 개발 부동산은 충분히 유사하고 시장에서 자주 거래되어 *감정평가*가 필요한 경우 직접 비교로 사용 가능한 최근 거래에서 얻은 자료가 충분하다.

50.2. 대부분의 시장에서, 시장접근법은 대규모 개발 부동산이나 복합 개발 부동산, 또는 개발 계획이 다차원적인 소규모 부동산의 경우, 그 적용에 한계가 있을 수 있다. 정확하게 조정된 시장 자료(IVS105 *감정평가 접근법과 감정평가방법*, 20.5 참

조)를 *감정평가*에서 다양한 변수의 기초로 사용할 수 *있다* 하더라도, 서로 다른 부동산 간 변수의 수와 범위로 인해 모든 변수에 대해 직접 비교가 어렵기 때문이다.

50.3. 건축이 시작되었으나 완공되지 않은 개발 부동산의 경우, 시장접근법의 적용은 더욱 어렵다. 소유지분의 양도인 경우, 혹은 매도인이 파산했거나 부실에 직면하여 프로젝트를 완료할 수 없는 상태인 경우를 제외하고는, 일부 완공된 상태에서 그런 부동산이 *참가자*들 사이에 양도되는 경우는 드물다. *감정평가* 기준시점과 가까운 시기에 부분 완공된 다른 개발 부동산 이전에 대한 자료가 있는 드문 경우에도, 해당 부동산이 유사하더라도 공사가 진척된 정도는 거의 확실히 다를 것이다.

50.4. 시장접근법은 잔여법에 필요한 자료의 하나로 완성된 부동산의 *가치*를 설정하는데 적합할 수 *있으며*, 이는 잔여법 부분에서 더 자세히 다룬다(90).

## 60. 수익접근법

60.1. 개발 부동산의 잔여 가치를 설정하는 것은 일부 시장에서 현금흐름 모형을 사용하는 것과 관련될 수 *있다*.

60.2. 수익접근법은 잔여법에 필요한 자료의 하나인 완성된 부동산의 *가치*를 설정하는데 적합할 수 *있으며*, 이는 잔여법 부분에서 더 자세히 다룬다(90 참조).

## 70. 비용접근법

70.1. 개발 비용을 설정하는 것은 잔여법의 핵심 구성요소이다(90.5 참조).

70.2. 완공 시 활발한 시장이 없는 건물이나 다른 구조물의 개발을 계획하는 경우와 같은 개발 부동산의 *가치*를 제시하는 데는 유일하게 비용접근법이 사용될 수 *있다*.

70.3. 비용접근법은 매수인이 어떤 *자산*에 대해 동일한 효용의 *자산*을 조성하는 금액 이상을 지불하지 않을 것이라는 경제 원리를 기반으로 한다. 이 원칙을 개발 부동산에 적용하기 위해, *감정평가사*는 장래 매수인이 대상 부동산의 개발에서 얻을 수 있는 것과 유사한 개발 이익을 얻을 수 있는 잠재성을 가진 유사한 *자산*을 획득하는데 드는 비용을 *반드시* 고려*해야* 한다. 그러나 대상 개발 부동산에 영향을 미치는 비일상적인 상황이 아닌 한, 계획된 개발을 분석하고 가상의 대안에 대한 예상 비용을 결정하는 과정은 위에서 설명한 시장접근법이나 잔여법을 재현하여 대상 부동산에 직접 적용할 수 있다.

70.4. 개발 부동산에 비용접근법을 적용할 때 또 다른 어려움은 장래 매수인의 이익수준인 "효용"을 결정하는 것이다. 개발업자가 프로젝트의 시작 당시에 목표 이익을 가지고 있을 수 *있지만*, 실제 이익은 일반적으로 완공 시 부동산의 *가치*에 의해 결정된다. 더욱이 부동산이 완공에 가까워질수록, 개발과 관련된 일부 위험은 감소할 가능성이 있고, 이는 매수인의 요구 수익률에 영향을 미칠 수 *있다*. 고정된 가격을 합

의한 것이 아닌 한, 토지를 취득하고 개발을 시행하는데 발생한 *비용*이 이익을 결정하지는 않는다.

**80. 개발 부동산에 대한 특별 고려사항**

80.1. 다음은 개발 부동산 *감정평가*에 관련된 주제의 개략적인 목록이다.

(a) 잔여법(90)

(b) 기존 자산(100)

(c) 재무보고에 대한 특별 고려사항(110)

(d) 담보 대출에 대한 특별 고려사항(120)

**90. 잔여법**

90.1. 프로젝트 완료와 관련된 위험을 고려한 후, 완료 시 프로젝트의 기대 가치에서 개발을 완료하는데 요구되는 알려졌거나 예상되는 모든 *비용*을 차감한 후의 잔여 가치를 제시하기 때문에 잔여법이라 불린다. 이를 잔여 가치라 한다.

90.2. 잔여 가치는 현금흐름 예측에서 비교적 작은 변동에도 매우 민감할 수 있으며, 실무자는 *중요한* 각 요인에 대한 별도의 민감도 분석을 제공한다.

90.3. 감정평가 기준시점에 정확하게 알려지지 않을 수 있는 많은 자료의 변동에 대한 결과의 민감성과 그로 인해 가정을 사용하여 추정해야 하므로, 이 방법의 적용에는 주의가 필요하다.

90.4. 잔여법을 적용하는데 사용되는 모형은 복잡성과 정교함에 상당한 차이가 있으며, 모형이 더 복잡하면, 자료, 여러 개발 단계 및 정교한 분석 도구를 더욱 세분화할 수 있다. 가장 적합한 모형은 규모, 기간 및 개발 계획의 복잡성에 따라 결정된다.

90.5. 잔여법을 적용하는 경우, *감정평가사*는 다음 사항의 합리성과 신뢰성을 고려하여 평가한다.

(a) *감정평가*에서 고려하는 모든 계획 및 세부내역과 같은 계획된 건물이나 구조물에 대한 정보의 출처

(b) *감정평가*에서 사용하는 프로젝트 완료시까지 발생하는 건축 및 기타 *비용*에 대한 정보의 출처

90.6. 개발 부동산의 *시장가치*를 추정하는 방법을 적용할 때 다음의 기본적 요소를 고려해야 하며, 다른 기준이 요구되는 경우 대체 자료가 필요할 수 있다.

(a) 완공된 부동산 가치

(b) 건축 비용

(c) 컨설팅 수수료

(d) 마케팅 비용

(e) 일정

(f) 금융비용

(g) 개발 이익

(h) 할인율

*완공된 부동산 가치*

90.7. 첫번째 단계는 IVS 105 *감정평가 접근법과 감정평가방법*에 따라 개발하여야 *하는* 대상 프로젝트의 가상 완료 후 부동산 관련 권리의 *가치*를 추정하는 것이다.

90.8. 시장접근법이나 수익접근법에서 채택된 방법과 무관하게, *감정평가사*는 다음 두 가지 기본 가정 중 하나는 *반드시* 채택*해야* 한다.

(a) 완공 시 예상 *시장가치*는 프로젝트가 정해진 계획과 세부내역에 따라 완료되었다는 특별한 가정에 의해 감정평가 기준시점 당시의 현재*가치*를 기준으로 한다.

(b) 완공 시 예상가치는 프로젝트가 정해진 계획과 세부내역에 따라 예상 완료일에 완료되었다는 특별한 가정을 기준으로 한다.

90.9. 시장관행과 관련 자료의 가용성에 따라 이러한 가정 중 더 적합한 가정을 결정*한다*. 다만, 사용되는 가치가 현재가치인지 예상가치인지를 분명히 하는 것이 중요하다.

90.10. 추정된 총 개발 가치를 적용하는 경우, *참가자*는 감정평가 기준시점에 이용 가능한 정보를 근거로 설정한 특별한 가정을 기반으로 한다는 것을 분명히 해야 *한다*.

90.11. 또한 잔여 가치 산출 전반에 걸쳐 일관된 가정이 사용되도록 주의하는 것이 중요한데, 즉, 현재가치가 사용되는 경우, *비용* 역시 현재가치여야 *하며* 할인율은 현재 가격 분석에서 도출하여야 *한다*.

90.12. 완공되는 프로젝트 또는 관련 부분을 조건으로 선매각 또는 선임대 계약이 있는 경우, 이를 완공된 부동산 *감정평가*에 반영한다. 선매각계약의 *가격*이나 선임대계약의 임대료 및 기타 조건이 감정평가 기준시점에 *참가자*들 간에 합의될 것을 반영하는 것인지 여부를 파악하기 위해 주의를 기울여야 *한다*.

90.13. 해당 조건이 시장을 반영하지 않는 경우, *감정평가*에 조정이 필요할 수 *있다*.

90.14. 또한 이러한 약정이 프로젝트 완료 전에 개발 부동산에 대한 관련 권리의 매수인에게 양도 가능한 것인지 여부를 확인하는 것이 타당하다.

*건축 비용*

90.15. 프로젝트를 정해진 세부내역에 따라 완료하기 위해 필요한 모든 작업 *비용*을 감정평가 기준시점에 확인해야 한다. 작업이 시작되지 않은 경우, 법적 허가 취득 *비용*, 철거비 또는 현장 외 기반공사비와 같이 주 건물 계약 이전에 요구되는 모든 준비작업이 포함된다.

90.16. 작업이 시작되었거나 시작하려고 하는 경우, 대개 *비용*을 개별적으로 확인할 수 있는 계약이 있다. 그러나, 이러한 계약이 없거나, 실제 계약된 비용이 감정평가 기준시점에 시장에서 합의되는 일반적인 것이 아니라면, 감정평가 기준시점에 예상 *비용*에 대한 *참가자*의 합리적인 기대를 반영하여 해당 *비용*을 추정하는 것이 필요할 수 있다.

90.17. 감정평가 기준시점 이전에 수행된 모든 작업의 효익이 *가치*에 반영되지만 *가치*를 결정하는 것은 아니다. 마찬가지로, 감정평가 기준시점 이전에 완료된 작업에 대해 실제 공사계약에 따라 이미 지급된 비용은 현재가치와 무관하다.

90.18. 반대로, 건설 계약에 따른 지급이 완료된 작업에 맞춰져 있는 경우, 감정평가 기준시점에 아직 수행되지 않은 작업에 대해 지불해야 하는 잔금은 해당 작업을 완료하는데 필요한 건축 *비용*에 대한 좋은 자료가 될 수 있다.

90.19. 다만, 계약비용은 특정 최종 사용자의 특별한 요구사항을 포함하고 있을 수 있으므로 *참가자*의 일반적 요구사항을 반영하지 않을 수 있다.

90.20. 또한, 계약이 이행되지 않을 수 있는 중요한 위험(예, 당사자 중 일방의 분쟁이나 파산으로 인해)이 있는 경우, 남은 작업을 완료하기 위해 새로운 도급업자를 고용하는 비용을 반영하는 것이 더 적절할 수 있다.

90.21. 부분 완공된 개발 부동산을 평가하는 경우, 프로젝트 시작 당시 실시된 프로젝트 계획이나 타당성 분석에 포함된 예상 원가나 수익만 참고하는 것은 적절하지 않다.

90.22. 프로젝트가 일단 시작되면, 해당 자료는 과거 자료가 되므로 *가치*를 측정하는 신뢰할 만한 도구가 아니다. 마찬가지로, 감정평가 기준시점 이전에 완료된 프로젝트의 일정 비율 추정에 기반한 접근법은 현재의 *시장가치*를 결정하는데 적합하지 않을 것이다.

*컨설팅 수수료*

90.23. 컨설팅 수수료는 프로젝트 완료에 이르기까지 다양한 단계에서 *참가자*가 합리적으로 부담하게 될 법적 비용 및 전문가 비용을 포함한다.

*마케팅 비용*

90.24. 완료된 프로젝트에 대해 확인된 매수인이나 임차인이 없는 경우, 일반적으로 적절한 마케팅 관련 *비용*과 90.23에 포함되지 않은 마케팅을 위해 발생한 임대 수수료 및 컨설팅 수수료를 포함하는 것이 적절하다.

*일정*

90.25. 건축 비용, 컨설팅 수수료 등의 모든 현금 유출 단계와 감정평가 기준시점부터 프로젝트의 물리적 완료 예상일까지의 프로젝트 기간을 고려해야 한다.

90.26. 실제 완공 후 개발 부동산 관련 권리에 대해 매각 계약이 이루어지지 않은 경우, 완공 후 매매가 이루어지기까지 필요한 일반적인 마케팅 기간을 추정한다.

90.27. 완공 후 투자를 위해 해당 부동산을 보유하고 선임대 계약이 없는 경우, 안정적 점유까지 필요한 시간을 고려해야 한다(즉, 현실적인 장기 점유 수준에 이르기까지 필요한 기간). 개별 임대 세대가 있는 프로젝트로서 안정화된 점유 수준이 100% 미만일 수 있으며 시장 경험상 여러 세대가 항상 공실일 것으로 예상할 수 있는 경우, 추가 마케팅 비용, 수당, 관리비 및 회수 불능 서비스 수수료와 같은 비용을 소유자가 이 기간 동안 부담하는 *비용*으로 고려한다.

*금융비용*

90.28. 금융비용은 감정평가 기준시점부터 물리적 완료 후 해당 권리를 매각하거나 안정화된 점유율 달성까지 필요한 기간을 포함하여 프로젝트의 완료시까지 자금을 조달하는 *비용*을 말한다. 대출자는 건축 중의 위험과 완공 후의 위험을 상당히 다르게 인식할 수 있으므로, 각 기간별 금융 비용을 구분해서 고려해야할 수 있다. 기업이 프로젝트의 자금을 자체 조달하려는 경우에도, 감정평가 기준시점에 *참가자*가 프로젝트 완료에 드는 자금을 조달하기 위해 받을 수 있는 이자율로 이자 비용을 고려한다.

*개발 이익*

90.29. 감정평가 기준시점에 프로젝트 완료와 관련된 위험을 감수하는 대가로 시장에서 개발 부동산의 매수인이 요구하는 수익 또는 개발이익이 있어야 한다. 여기에는 프로젝트의 물리적 완료 후 기대 수익이나 자본 가치를 달성하는데 수반되는 위험이 포함된다.

90.30. 이러한 목표 이익은 총액, 발생한 *비용*에 대한 일정 비율, 프로젝트 예상 가치의 일정 비율 또는 수익률로 나타날 수 있다. 해당 유형 부동산의 시장 관행은 일반적으로 가장 적절한 방안을 제시한다. 요구되는 이익은 감정평가 기준시점에 예상 매수인이 인식하는 위험 수준을 반영하며, 다음과 같은 요인에 따라 달라진다.

(a) 감정평가 기준시점에 프로젝트의 단계. 거의 완료된 프로젝트는 개발 당사자가 파산하는 상황을 제외하고 일반적으로 초기 단계의 프로젝트 보다 덜 위험한 것으로 여겨진다.

(b) 완료된 프로젝트에 대한 매수인이나 임차인이 확보되었는지 여부

(c) 프로젝트의 규모와 예상 잔여 기간. 프로젝트가 길어질수록, 향후 *비용*과 수입의 변동 및 일반적으로 변화하는 경제 상황에 노출되어 야기되는 위험이 커진다.

90.31. 다음은 개발 프로젝트의 완료와 관련된 상대적 위험을 평가할 때, 일반적으로 고려 되어야 할 수 있는 요소의 사례이다.

(a) 건축 비용을 증가시키는 예상치 못한 문제

(b) 개발업자가 통제할 수 없는 악천후나 기타 문제로 인한 계약 지연의 가능성

(c) 법적 승인 취득의 지연

(d) 공급업체의 불이행

(e) 개발 기간 동안의 건축허가 위험 및 허가내용 변경

(f) 규제 변경

(g) 완료된 프로젝트의 매수인 또는 임차인 확보 지연

90.32. 상기의 모든 요소가 프로젝트의 인지된 위험과 매수인이나 개발 부동산이 요구하는 이익에 영향을 주지만, 잔여법 모형에 이미 반영된 우발 사건이나 미래 현금흐름을 현재 가치로 가져오는 데 적용된 *할인율*의 위험을 중복 계산하지 않기 위해 *반드시* 주의를 기울*여야 한다*.

90.33. 프로젝트 기간 중 변경된 시장 상황으로 인해 완료된 개발 프로젝트의 예상 가치가 변경될 위험은 일반적으로 완료된 프로젝트를 평가하는데 적용된 *할인율*이나 환원율에 반영된다.

90.34. 개발 프로젝트가 시작될 때 개발 부동산 권리의 소유자가 예상하는 이익은 건축이 시작된 후 해당 프로젝트에 대한 권리의 *감정평가*에 따라 달라진다. *감정평가*는 감정평가 기준시점에 남아있는 위험과 부분 완공된 프로젝트 매수인이 개발을 성공적으로 완료하기 위해 요구하는 할인율이나 수익률을 반영*한다*.

*할인율*

90.35. 감정평가 기준시점에 개발 부동산의 *시산가치*를 도출하기 위해 잔여법에서는 모든 미래 현금흐름에 할인율을 적용하여 순현재가치를 산출한다. 이 *할인율*은 다양한 방법을 적용하여 산출할 수 있다(IVS 105 *감정평가 접근법과 감정평가방법*, 50.30 - 50.39 참조).

90.36. 현금흐름이 감정평가 기준시점 현재의 *가치*와 *비용*을 기반으로 하는 경우, 감정평가 기준시점과 예상 완료일 사이에 변동 위험을 고려하여 현재 가치를 결정하는 데 사용된 *할인율*에 반영*한다*. 현금흐름이 예상 가치와 *비용*을 기반으로 하는 경우, 그 예측이 부정확한 것으로 드러나는 위험을 고려하여 *할인율*에 반영*한다*.

## 100. 기존 자산

100.1. 개발 부동산의 *감정평가*에서는, 대상 부동산이 해당 개발 계획에 적합한지 확인해야 한다. 일부 문제는 *감정평가사*의 지식과 경험으로 해결할 수 *있지만*, 일부는 다른 전문가의 정보나 보고서가 필요할 수 *있다*. 프로젝트 시작 전에 개발 부동산 *감정평가*를 수행할 때 정확한 실지조사를 위해 일반적으로 고려해야 하는 사항은 다음과 같다.

(a) 계획된 개발에 대한 시장이 있는지 여부

(b) 개발 계획이 현재 시장에서 해당 부동산의 최유효이용인지 여부

(c) 고려해야 하는 다른 비재정적 의무가 있는지 여부(정치적 또는 사회적 기준)

(d) 승인된 개발에 대한 조건이나 제약을 포함한 법적 허가 또는 용도지역

(e) 수의계약에 의해 관련 권리에 부과된 제한, 부담, 조건

(f) 공공 고속도로 또는 기타 공공 구역에 대한 접근권

(g) 오염 또는 다른 환경 위험의 가능성을 포함한 지질공학적 상태

(h) 용수, 배수, 전기와 같은 필요한 서비스의 가용성 및 이에 대한 제공 또는 개선에 대한 요건

(i) 현장 외 기반시설 개선의 필요성 및 이 작업 수행에 필요한 권리

(j) 고고학적 제약이나 고고학적 조사의 필요성

(k) 지속가능성 및 친환경 건물 관련 *의뢰인*의 요구사항

(l) 개발 기간 동안 경제적 상황과 추세 및 그에 따른 *비용*과 수입의 잠재적 영향

(m) 계획된 미래 용도에 대한 현재와 미래의 수요, 공급

(n) 자금 조달의 가능성 및 그 *비용*

(o) 작업 시작 전 준비 작업에 필요한 예상 시간과, 해당되는 경우 완공된 부동산을 임대하거나 매각하는데 필요한 예상 시간

(p) 개발 계획과 관련된 기타 위험

100.2. 프로젝트가 진행중인 경우, 일반적으로 프로젝트의 설계, 시공 및 건축 감리를 위한 계약에 대해 추가 질의나 조사가 필요하다.

110. **재무보고에 대한 특별 고려사항**

110.1. 개발 부동산의 회계 처리는 보고 주체의 분류(예, 매각을 위한 보유인지, 직접 점유인지, 또는 투자 부동산인지)에 따라 달라질 수 있다. 이는 감정평가 요건에 영향을 미칠 수 *있으므로*, 적절한 감정평가방법 채택 전에 그 분류와 관련 회계 요건을 결정해야 한다.

110.2. 재무제표는 일반적으로 계속기업을 가정하여 작성된다. 따라서 실제로는 양도할 수 *없더라도*, 일반적으로 모든 계약(예, 개발 부동산의 건설 또는 완료 시 매각 또는 임대)이 가상의 교환에서 매수자에게 이전될 것이라고 가정하는 것이 적절하다. 감정평가 기준시점에 계약 당사자의 채무불이행에 대한 비정상적 위험이 있다는 근거가 있는 경우는 예외이다.

120. **담보 대출에 대한 특별 고려사항**

120.1. 담보 대출에 대한 적절한 *기준가치*는 일반적으로 *시장가치*이다. 그러나 개발 부동산의 *가치*를 고려할 때, 공사가 무산되거나 완공된 부동산의 매각 또는 임대가 무효화되는 경우, 또는 당사자 중 일방이 공식 파산 절차의 대상이 되어 무효화될 수 있는 경우처럼 해당 계약의 여러 가능성을 고려*한다*. *시장가치*에 중요한 영향을 미칠 수 있는 계약상의 의무는 더 자세히 고려*한다*. 따라서 채무자의 불이행이 있는 경우, 해당 부동산의 장래 매수인이 기존 건물 계약, 선임대, 선매각 및 모든 관련 보증의 효익을 얻지 못하여 생기는 대출기관의 위험을 강조하는 것이 적절할 수 *있다.*

120.2. "신뢰할 수 있는 결론을 도출하기에는 한 가지 방법만으로는 사실적 자료나 관찰된 자료가 불충분" 하므로, *감정평가사*는 각 감정평가 프로젝트의 개발 부동산을 평가하는 데 최소한 두가지의 적절하고 인정된 방법을 적용*하여* 담보 대출 또는 기타 목적을 위해 개발 부동산을 평가할 때 수반되는 위험을 설명한다(IVS 105 *감정평가 접근법과 감정평가방법*, 10.4 참조).

120.3. *감정평가사*는 반드시 보고서에 채택된 감정평가 접근법을 설명할 수 *있어야* 하며, 개발 부동산의 "현 상태"(개발의 현재 단계)와 "계획 상태"(개발 완료)의 가치를 제시하고, 수행 과정과 보고 가치의 근거를 기록*한다*(IVS 103 *감정평가 보고*, 30.1 - 30.2 참조).

# IVS 500 금융 상품

| 목차 | |
|---|---|
| 개요 | 10 |
| 소개 | 20 |
| 기준가치 | 30 |
| 감정평가 접근법과 감정평가방법 | 40 |
| 시장접근법 | 50 |
| 수익접근법 | 60 |
| 비용접근법 | 70 |
| 금융상품에 대한 특별 고려사항 | 80 |
| 감정평가 의견자료 | 90 |
| 신용 위험 조정 | 100 |
| 유동성과 시장 활동 | 110 |
| 감정평가 통제 및 객관성 | 120 |

## 10. 개요

10.1. 일반기준에 포함된 규정은 금융 상품 *감정평가*에도 적용된다. 이 장에서는 금융 상품 규정을 적용하는 *감정평가*에 일반기준을 적용하는 방법에 대한 수정, 추가요건, 또는 특정 예시만 다룬다.

## 20. 소개

20.1. 금융 상품은 특정 당사자 간에 현금이나 기타 금전적 대가를 받거나 줄 권리 또는 의무를 생성하는 계약이다. 이러한 금융상품은 파생상품, 기타 조건부 상품, 복합상품, 고정 수익 상품, 구조화 금융상품, 지분상품 등을 포함하나 여기에 국한되는 것은 아니다. 금융상품은 특정 순 재무성과 달성을 위해 다른 금융상품을 결합하여 하나의 포트폴리오 상품으로 만들 수도 있다.

20.2. IVS 500 *금융상품*에 따라 수행되는 금융상품 *감정평가*는 다음을 포함하는 다양한 목적으로 수행될 수 있다.

   (a) 기업 또는 기업 일부의 인수, 합병 및 매각
   (b) 매수 및 매도
   (c) 재무 보고
   (d) 법적 또는 제도적 규정(관계기관의 특정 규제 내용에 따라)
   (e) 내부적 위험과 준수 절차
   (f) 세금
   (g) 소송

20.3. 동일하거나 비교가능한 금융상품에 대한 관련 시장 정보를 확인하고 평가하기 위해서는 대상 금융상품에 대한 면밀한 이해가 필요하다. 이 때의 정보는 동일하거나 유사한 금융상품의 최근 거래 *가격*, 중개소나 가격 책정 기관의 견적, 신용 등급, 수익률, 변동성, 지수 또는 감정평가 절차와 관련된 기타 자료 등을 포함한다.

20.4. 외부 투자자, 규제 당국 또는 다른 기업을 위해 지주 기업이 *감정평가* 할 때, IVS 101 *업무범위*, 20.3(a)의 *감정평가사* 신원과 이해관계 여부 등을 확인하도록 하는 규정을 준수하려면, IVS 105 *감정평가 접근법과 감정평가방법*과 IVS 500 *금융상품*, 120.1 – 120.3에서 규정하는 통제 환경을 *반드시 참조해야* 한다.

20.5. IVS 101 *업무범위*, 20.3(d)와 같이 감정평가 할 *자산*이나 부채를 확인하는 규정을 준수하려면, 다음 사항을 *반드시 검토해야* 한다.

(a) 감정평가 대상 금융상품의 분류

(b) *감정평가*가 개별 금융상품에 대한 것인지 포트폴리오에 대한 것인지 여부

(c) 계정 단위

20.6. IVS 102 *실지조사와 기준 준수*, 20.2 – 20.4는 *감정평가*를 뒷받침하는데 필요한 실지조사가 *반드시* 업무의 목적을 고려하여 적절*해야* 한다고 규정한다. 실지조사를 수행하려면, *반드시 감정평가사* 또는 확실하고 신뢰할 수 있는 제3자가 충분한 자료를 수집*해야* 한다. 이 요건을 준수하기 위해서는 다음을 고려한다.

(a) 감정평가 과정에서 입력 자료로 사용하거나 고려하는 모든 시장 정보를 *반드시* 이해하고 필요한 경우 타당한지 검증*해야* 한다.

(b) 금융상품의 *가치*를 추정하는데 사용되는 모든 모형은 금융상품의 계약상 조건과 경제성을 적절하게 파악하도록 채택한다.

(c) 유사한 금융상품의 포착된 가격 또는 시장 자료가 있다면, 비교 가능한 가격이나 포착된 자료에서 도출된 자료는 평가하는 금융상품의 계약상 조건과 경제적 조건을 반영하도록 조정*한다*.

(d) 가능한 경우 복수의 감정평가 접근법을 채택하는 것이 좋다. 감정평가 접근법간 *가치*의 차이가 발생하는 경우, *감정평가사*는 *가치*의 그 차이를 *반드시* 설명하고 기록*해야* 한다.

20.7. 감정평가 접근법과 근거를 공개하도록 하는 IVS 103 *감정평가 보고*, 20.1를 준수하려면, *반드시* 적절한 정도의 보고서 세부사항을 고려*해야* 한다. 감정평가 보고서에서 이 정보를 공개하도록 하는 요건은 금융상품의 분류에 따라 다르다. 사용자가 평가되는 금융상품의 각 분류 별 특성과 *가치*에 영향을 미치는 주요 요소를 이해할 수 있도록 충분한 정보를 제공*한다*. *자산*이나 부채의 성격에 대한 사용자의 이해에 거의 도움이 되지 않거나, *가치*에 영향을 미치는 주요 요소를 모호하게 하는

정보는 *반드시* 피*해야* 한다. 적절한 공개 수준을 결정할 때 *반드시* 다음 사항을 고려*해야* 한다.

(a) 실체성: 보유 기업의 평가 대상 *자산*과 부채 또는 포트폴리오의 총 가치와 관련된 금융상품 또는 금융상품 분류의 *가치*

(b) 불확실성: 금융상품의 *가치*는 그 특성, 사용된 모형이나 근거 자료, 또는 시장 이상으로 인해 감정평가 기준시점에 *상당히* 불확실할 수 *있다*. 모든 중요한 불확실성의 원인과 성격을 공개*한다*.

(c) 복잡성: 금융상품이 복잡할수록, *가치*에 영향을 미치는 평가 가정과 근거 자료를 확인하고 설명할 수 있는 세부사항의 적정 수준이 높아진다.

(d) 비교가능성: 사용자가 특히 관심을 갖는 금융상품은 시간이 지남에 따라 다를 수 *있다*. 감정평가 보고서의 유용성이나 *감정평가*에 대한 관련성은 시장 상황 변화에 따라 사용자가 요구하는 정보를 반영하는 경우 향상되나, 이 경우에도 제시된 자료는 이전 기간과 비교 가능*해야*(should) 의미를 갖는다.

(e) 기초 금융상품: 금융상품의 현금흐름이 구별 가능한 *자산*이나 부채에서 발생하거나 그에 의해 담보되는 경우, 기초 가치에 영향을 미치는 관련 요소를 *반드시* 제시*해야* 하며 기초 가치가 해당 금융상품의 추정 가치에 어떻게 영향을 미치는지 사용자가 이해할 수 있도록 한다.

## 30. 기준가치

30.1. IVS 104 *기준가치*에 따라, *감정평가사*는 금융상품 감정평가시 *반드시* 적절한 *기준가치*를 선정*해야* 한다.

30.2. 종종 금융상품 감정평가는 국제감정평가기준위원회(몇 가지 사례가 IVS 104 *기준가치*에 설명되어 있다)가 아닌 기구/조직이 정의한 *기준가치*를 적용하여 이루어지며, 감정평가 기준시점 당시의 해당 *기준가치*에 관련된 규정, 판례 및 기타 해석 지침을 이해하고 준수하는 것은 *감정평가사*의 책임이다.

## 40. 감정평가 접근법과 감정평가방법

40.1. 감정평가 접근법과 감정평가방법을 선정할 때, *감정평가사*는 반드시 이 기준의 요건 외에도 IVS 105 *감정평가 접근법과 감정평가방법*의 규정을 준수*해야* 한다.

40.2. IVS 105, *감정평가 접근법과 감정평가방법*에 설명된 세가지 감정평가 접근법은 금융상품 감정평가에 적용될 수 *있다*.

40.3. 금융시장에서 사용되는 다양한 감정평가 접근법은 IVS 105 *감정평가 접근법과 감정평가방법*에 규정된 바와 같이 시장접근법, 수익접근법, 또는 비용접근법의 변형에 기반한다. 이 장에서는 일반적으로 적용되는 방법과 고려해야 할 사항 및 감정평가방법 적용시 필요한 자료에 대해 다룬다.

40.4. 특정 감정평가 방법이나 모형을 사용할 때, 모형이 현재 시장 상황을 반영하는지 확인을 위해 가능한 한 정기적으로 해당 모형을 수집된 시장 정보로 보정하는 것이 중요하다. 시장 상황이 변하면, 더 안정적인 모형으로 바꾸거나 기존 모형을 수정하고 감정평가 근거 자료에 대해 추가 수정을 하여 재보정해야 할 수 *있다*. 이러한 조정은 요구되는 감정평가 기준과의 일관성을 위해 실시되어야 *하며*, 해당 *감정평가 목적*에 따라 결정된다(IVS 총설 참고).

## 50. 시장접근법

50.1. 감정평가 기준일이나 시점과 매우 가까운 시기에 유동성 거래소에서 거래를 통해 획득한 *가격*은 일반적으로 동일한 금융상품 보유에 대한 *시장가치*를 가장 잘 나타낸다. 최근 관련 거래가 없는 경우에는, 견적 가격이나 합의 가격, 또는 사적 거래 자료 역시 적절할 수 *있다*.

50.2. 포착된 금융상품이 평가되는 상품과 유사하지 않거나, 그 정보가 관련성이 있을 만큼 최근의 자료가 아닌 경우, 해당 가격 정보를 조정해야 할 수 *있다*. 예를 들어, 평가하는 금융상품과 하나 이상의 다른 특성을 가진 유사한 금융상품의 포착된 가격이 있는 경우, 그 비교 가능한 거래 가격에서 얻은 자료를 평가하는 금융상품의 특정 조건을 반영하여 조정한다.

50.3. 가격 책정 서비스를 통해 얻은 *가격*에 의존할 때 *감정평가사*는 반드시 그 *가격*이 어떻게 도출되었는지 이해*해야* 한다.

## 60. 수익접근법

60.1. 금융상품의 *가치*는 할인현금흐름분석법을 통해 결정될 수 *있다*. 금융상품의 조건에 따라 할인되지 않은 현금흐름을 결정하거나 추정할 수 있다. 금융상품의 일반적인 조건은 다음과 같다.

(a) 현금흐름의 시기, 즉 기업이 해당 금융상품과 관련된 현금흐름을 실현할 것으로 예상하는 때

(b) 현금흐름의 계산, 예, 채권의 경우 적용되는 이자율, 파생상품의 경우 기초 상품이나 지수와 관련된 현금흐름이 계산된 방식

(c) 계약의 모든 옵션에 대한 시점과 조건, 예, 풋옵션, 콜옵션, 조기상환옵션, 연장옵션, 전환 옵션 등

(d) 금융상품에 대한 당사자의 권리 보호, 예, 채권의 신용위험과 관련된 조건이나 보유하고 있는 다른 금융상품에 대한 우선권 또는 후순위권 등

60.2. 적절한 할인율을 설정하려면, 다음과 같은 화폐의 시간 가치와 잠재적 추가 위험을 보상하기 위해 금융상품에 요구되는 수익률을 평가해야 한다.

(a) 후순위권과 같은 금융상품의 기간과 조건

(b) 신용 위험, 즉 거래 상대방이 만기일에 지급할 능력에 대한 불확실성

(c) 금융상품의 유동성과 시장성

(d) 법적 또는 규제적 환경 변화의 위험

(e) 금융상품의 과세 현황

60.3. 미래 현금흐름이 고정된 계약 금액을 기초로 하지 않는 경우, 필요한 투입 변수를 결정하기 위해 예상 현금흐름을 추정해야 한다. 할인율 결정은 *반드시* 현금흐름의 위험을 반영하고 그 현금흐름과 일치*해야* 한다. 예를 들어, 예상 현금흐름이 신용손실을 차감하여 계산된다면, 할인율은 *반드시* 신용 위험 요소만큼 감소*해야* 한다. *감정평가의 목적*에 따라 현금흐름 모형에 적용된 정보와 가정은 *참가자*가 설정하거나 보유자의 현재 기대 또는 목표에 기반하는 것을 반영해야 한다. 예를 들어, 감정평가의 목적이 IFRS에 정의된 *시장가치*나 *공정가치*를 결정하는 것이라면, *참가자*의 가정을 반영*한 다*. 또는, 그 목적이 경영진이 설정한 목표 내부수익률과 같은 기준 대비 *자산* 성과를 측정하는 것이라면, 다른 가정이 적절할 수 *있다*.

## 70. 비용접근법

70.1. 비용접근법을 적용할 때, *감정평가사*는 반드시 IVS 105 *감정평가 접근법과 감정평가 방법*, 70.1 - 70.4에 규정된 지침을 따라야 한다.

## 80. 금융상품에 대한 특별 고려사항

80.1. 다음 단락에서는 금융상품의 *감정평가*와 관련된 추가적인 내용을 다룬다.

(a) 감정평가 의견자료(90)

(b) 신용 위험(100)

(c) 유동성과 시장활동(110)

(d) 통제 환경(120)

## 90. 감정평가 산출근거자료

90.1. IVS 105 *감정평가 접근법과 감정평가 방법* 10.7에 따라 감정평가 산출근거 자료로 사용되는 모든 정보의 출처와, 가능한 경우 그 제공자가 이를 어떻게 조정했는지 이해하는 것은, 감정평가 산출근거자료를 어느 정도 신뢰해야 *하는지(should)*를 파악하는 데 필수적이다.

90.2. 감정평가 산출근거자료는 다양한 출처에서 얻을 수 *있다*. 사용된 감정평가 산출근거자료의 출처는 일반적으로 중개인 제시 가격, 합의 가격 제공 서비스, 제3자로부터 얻은 비교 가능한 금융상품 *가격*, 시장 데이터 가격 책정 서비스이다. 적용된 값은 변동성, 수익률과 같은 확인 가능한 값에서 도출한다.

90.3. *참가자*가 *자산* 가격을 어떻게 책정하는가에 대한 자료와 같은 중개인 제시가격의

유효성을 평가할 때, *감정평가사*는 다음을 고려한다.

(a) 일반적으로 중개인은 더 인기있는 금융상품과 관련하여 시장을 만들고 입찰을 제공하며, 덜 유동적인 상품으로 범위를 확장하지 않을 수 있다. 유동성은 시간 경과에 따라 감소하는 경우가 많아 오래된 상품의 제시 가격을 찾는 것이 더 어려울 수 있다.

(b) 중개인은 *감정평가*를 뒷받침하는 것이 아니라 거래에 관심이 있으므로, 실행가능한 제시가격과 같이 철저하게 제시 가격을 조사할 이유가 없다. *감정평가사*는 중개인이 제시한 가격이 구속력 있는 실행가능한 것인지 혹은 구속력이 없는 이론적인 가격인지 확인해야 한다. 구속력이 없는 가격인 경우, *감정평가사*는 *감정평가*에서 그 제시가격을 조정하거나 제외해야 *하는지*를 파악하기 위해 추가 정보를 수집한다.

(c) 중개인이 금융상품의 거래 상대인 경우에는 본질적인 이해 상충이 있다.

(d) 중개인의 거래를 장려할 유인이 있다.

90.4. 합의 가격 제공 서비스는 몇몇 참여 가입자로부터 금융상품에 대한 가격이나 감정평가 의견자료 정보를 수집하여 운영한다. 다양한 출처의 가격 자료를 반영하여, 때로는 표본 추출의 통계적 편향을 보완하기 위해 조정하기도 한다. 이를 통해 단일 중개인과 관련된 이해 상충 문제를 해결한다. 그러나, 중개인 제시가격과 마찬가지로 모든 시장에서 모든 상품에 적합한 평가 자료를 찾는 것은 불가능할 수 있다. 또한, 명칭과 달리, 합의 가격이 반드시 진정한 시장 "합의"가 아니라 최근 시장 거래나 제시 가격에 대한 통계적 추정치에 가까울 수 있다. 따라서, *감정평가사*는 합의가격이 어떻게 추정되었는지, 그 추정이 평가하는 금융상품에 합리적인지를 확인해야 한다. 비유동적 금융상품의 *감정평가*는 종종 비교 가능한 거래사례를 통해 수집할 수 있다(더 자세한 내용은 110 참조).

## 100. 신용 위험 조정

100.1. 신용 위험을 이해하는 것은 종종 금융상품과, 가장 중요하게는 그 발행인을 평가하는 중요한 부분이다. 신용 위험을 설정하고 측정할 때 고려해야 할 몇 가지 공통 요소는 다음과 같다.

(a) 자체 신용 및 거래 상대방 위험: 금융상품 발행기관이나 신용 제공자의 재무 건전성을 평가하는 것은 관련기업의 과거와 예상 재무 성과 뿐만 아니라 사업이 포함된 산업 부문의 실적과 전망도 고려해야 한다. 발행기관 신용 외에도 *감정평가사*는 *반드시* 평가하는 *자산*이나 부채에 대한 거래 상대방의 신용 공여도 고려*해야* 한다. 현재 많은 *관할권*에서 청산기관의 청산 과정에 특정 파생상품의 경우 위험을 경감할 수 있는 중앙 기관을 통해 거래하도록 하고 있지만 여전히 거래 상대방 위험은 고려해야 한다.

(b) *감정평가사*는 금융상품의 신용위험과 그 발행기관 및 거래상대방의 신용위험을 구분할 수 있어야 한다. 일반적으로 발행기관이나 거래 상대방의 신용위험에서 금융상품과 관련된 구체적인 담보는 고려하지 않는다.

(c) 후순위: 금융상품의 우선순위를 결정하는 것은 채무 불이행 위험 평가에서 매우 중요하다. 다른 금융상품이 발행기관의 *자산*이나 금융상품의 현금흐름보다 우선할 수 *있다*.

(d) 레버리지 효과: 금융상품의 수익이 발생하는 자산의 자금 조달에 사용된 부채금액은 발행기관에 대한 수익의 변동성과 신용 위험에 영향을 미칠 수 있다.

(e) 상계 약정: 거래 당사자 사이에 파생상품이 보유되는 경우, 거래의 순가치로 의무를 제한하는 상계 또는 상쇄 약정에 의해 신용위험이 감소할 수 *있다*. 즉, 일방이 지급 불능 상태가 되면, 다른 일방은 지급 불능인 상대방에게 지급해야 하는 금액을 다른 금융상품에서 지급해야 하는 금액과 상계할 권리를 가진다.

(f) 채무 불이행 보호: 많은 금융상품은 그 보유자에 대한 미지급 위험을 감소하기 위한 일종의 보호 장치가 있다. 보호는 제3자 보증, 보험 계약, 신용 부도 스와프, 또는 지급에 필요한 것보다 더 많은 *자산*의 형식으로 이루어질 수 있다. 후순위 금융상품이 먼저 기초 *자산*에서 손실을 입어 이에 따라 선순위 금융상품에 대한 위험을 줄이게 되면 신용 공여도 감소한다. 보호가 보증, 보험계약, 또는 신용 부도 스와프의 형식인 경우, 그 보호를 제공하는 당사자를 확인하고 그 신용도를 평가해야 한다. 제3자의 신용도를 고려한다는 것은 그 현재 상태 뿐만 아니라 기업이 작성한 다른 보증이나 보험 계약의 가능한 효과도 포함한다. 보증 제공자가 상호 연관된 다른 부채도 보증한 경우, 그 불이행 위험이 증가할 수 있다.

100.2. 제한된 정보를 이용할 수 있는 당사자의 경우, 금융상품의 2차 거래가 존재한다면, 적절한 위험 조정에 대한 근거를 제시할 충분한 시장자료가 있을 수 *있다*. 그렇지 않은 경우 신용 지수, 유사한 위험 특성을 가진 기업에 대한 가용 정보, 또는 자체 금융 정보를 사용하는 당사자의 추정 신용 등급에 의존해야 한다. 가장 관련성이 높은 정보를 제공하는 신용 자료를 평가할 때 담보나 만기 차이와 같은 신용 위험에 대한 다양한 부채의 민감도를 고려*한다*. 위험 조정이나 신용에 따른 가산금리는 평가하는 특정 금융상품에 대해 *참가자*가 요구하는 금액을 기반으로 한다.

100.3. 발행기관의 신용 위험은 해당 부채를 이전하는 *가치*와 관련이 있으므로, 부채와 관련된 자체 신용 위험은 부채의 *가치*에서 중요하다. 재무 보고 요건 준수를 위한 경우처럼 거래상대방의 부채 이전 가능성에 대한 실질적인 제약 내용과 상관없이 부채의 이전을 가정해야 하는 경우, 부채 *감정평가*에 자체 신용 위험을 반영할 여러 가능한 출처가 있다. 이는 기업 자체 채권 또는 발행된 기타 부채에 대한 수익률 곡선, 신용 부도 스와프에 대한 가산금리일 수 있으며, 또는 상응하는 *자산 가치*를 참고할 수도 있다.

그러나 많은 경우 부채 발행기관은 해당 부채를 이전할 수 없고 그 거래 상대방과 정산만 할 수 있다.

100.4. 담보: 채무 불이행시 금융상품 보유자가 상환청구 할 수 있는 *자산*을 고려해야 한다. 특히 *감정평가사*는 상환청구가 발행기관의 모든 *자산*에 대한 것인지 아니면 특정 *자산*에만 해당되는지를 파악해야 한다. 채무 불이행 발생 시 기업이 상환 청구하게 되는 *자산*의 *가치*와 유동성이 클수록 회수금액이 증가하므로 금융상품의 전반적인 위험은 낮아진다. 이중 계산을 하지 않기 위해, *감정평가사*는 그 담보가 대차대조표의 다른 부분에 이미 계상되었는지도 고려해야 한다.

100.5. 금융상품의 자기 신용 위험을 조정할 때, 평가 대상 부채에 제공된 담보물의 성격을 고려하는 것 역시 중요하다. 발행기관과 법적으로 분리된 담보는 일반적으로 신용 공여를 낮춘다. 부채가 흔한 증권화 처리의 대상인 경우, 상대방은 채무 불이행시 손실로부터 대부분 보호되므로 중요한 자체 신용 위험에 대한 조정이 없을 수 있다.

## 110. 유동성과 시장활동

110.1. 금융상품의 유동성은 표준화되어 정기적으로 대량 거래되는 유동성에서 제3자에게 양도할 수 없는 거래 당사자간에 합의된 유동성까지 다양하다. 이 범위는 금융상품의 유동성이나 현재 시장 활동 수준을 고려하는 것이 가장 적절한 감정평가 접근법을 결정하는데 중요하다 것을 의미한다.

110.2. 유동성과 시장 활동은 구분된다. *자산*의 유동성은 현금 또는 현금 등가물로 얼마나 쉽고 빠르게 전환될 수 있는가를 측정하는 것이다. 시장 활동은 주어진 시점에 거래량을 측정한 것이며, 절대량이라기 보다 상대량이다. 어떤 금융상품의 시장 활동이 낮다고 하여 그 금융상품이 반드시 비유동적이라는 의미는 아니다.

110.3. 별개의 개념이지만, 비유동성이나 낮은 시장 활동은 감정평가에서 관련 시장 자료의 부족이라는 유사한 어려움을 갖는다. 즉, 자료는 감정평가 기준시점 현재의 것이거나 신뢰할 수 있을 만큼 충분히 유사한 *자산*과 관련된 자산이어야 한다. 유동성이나 시장 활동이 낮을수록, 시장 변화나 *자산*의 다른 특성을 반영하는 다른 거래사례 근거에 기반한 평가자료를 조정하거나 *가중치*를 부여하는 방법을 사용하는 감정평가 접근법에 요구되는 신뢰수준이 높아진다.

## 120. 감정평가 통제 및 객관성

120.1. 통제 환경은 감정평가 과정 및 결론에서 *감정평가*에 의존할 수 있는 자들의 신뢰 제고를 목적으로 시행되는 내부 관리와 통제 절차로 구성된다. 외부 *감정평가사*가 내부적으로 수행된 감정평가에 의존하는 경우, 외부 *감정평가사*는 반드시 감정평가 통제 환경의 적절성과 독립성을 고려*해야* 한다.

120.2. 다른 *자산*과 비교하여 금융상품은 일반적으로 금융상품을 고안하고 거래하는 동일한 기업에 의해 내부적으로 평가되는 경우가 많다. 내부적 감정평가는 *감정평가사*의 독립성에 의문이 제기되므로 *감정평가*의 객관성에 위험이 될 수 있다. 내부 *감정평가사*가 수행하는 *감정평가*와 *감정평가*의 객관성을 보장하기 위해 절차상 요건 및 *감정평가*에서 독립성에 대한 위협을 최소화하기 위한 적정 통제 환경을 설정하

는 것에 대해서는 IVS 총설, 40.1와 40.2를 참고한다. 금융상품의 *감정평가*를 다루는 많은 기업이 법적 금융 규제기관에 등록되어 규제를 받는다. 대부분의 금융 규제 당국은 은행이나 금융상품을 다루는 기타 규제 기관이 독립적인 가격검증 절차를 두도록 규정하고 있다. 기업은 재무보고에 필요하거나 다른 규제 체제에서 정하는 특정 감정평가 통제를 위한 규제 자본 지침을 고려하기 위해 *감정평가* 수행과 거래 부서를 구분하여 운영한다. 이는 본 기준의 범위를 벗어난다. 그러나, 일반적으로 재무제표에 포함되거나 제3자가 의존하는 기업의 한 부서에서 수행하는 *감정평가*는 해당 기업 내 독립 부서의 조사를 받고 승인을 받아야 *한다*. 그러한 *감정평가*에 대한 궁극적인 권한은 위험 감수 기능과 분리되어 완전히 독립적이어야 *한다*. 기능 분리를 위한 실질적인 수단은 기업의 성격, 평가되는 금융상품의 유형 및 전체 목표에 대한 해당 금융상품 *가치*의 중요도에 따라 달라진다. 적절한 규약과 통제는 *감정평가*에 의존하는 제3자가 인지하는 객관성에 대한 위협을 신중히 고려하여 결정*한다*.

120.3. 감정평가 통제를 판단할 때, 감정평가 과정에서 다음을 고려*한다*.

(a) 기업 외부의 일부 인원을 포함하여 감정평가 정책과 절차를 책임지고 기업의 감정평가 과정을 감독할 관리 부서의 설립

(b) 해당되는 경우, 규제 준수를 위한 체계

(c) 감정평가 모형을 교정하고 시험하는 빈도와 방법에 대한 규정

(d) 서로 다른 내부 또는 외부 전문가가 특정 *감정평가*를 검증하는 기준

(e) 감정평가 모형에 대한 주기적 독립성 검증

(f) 더 철저한 조사나 2차 승인 요건을 초래하는 기준이나 사건 규정

(g) 가격 책정이나 감사 위원회 설립과 같이 시장에서 직접 관찰할 수 없는 *중요한* 자료 설정을 위한 절차 확립

## 국문 색인

**가**

| | |
|---|---|
| 가격(명사) | 7 |
| 가정 | 3, 14, 15, 31 |
|     개발 부동산 | 117-118, 121 |
|     기준가치 | 21, 29, 31 |
|     비금융부채 | 91-92 |
|     시설과 설비 | 105 |
|     특별한 가정도 참고 | |
| 가정과 조건 | 3 |
| 가중치 | 9 |
| 가중치 부여 | 9 |
| 가치(명사) | 9 |
| 가치의 배분 | 32 |
| 가치의 전제 | 27-30 |
| 감가상각 절세 효과(TAB) | 83-84 |
| 감가수정 | 51-53 |
| 감정평가 | 8 |
|     다양한 감정평가 접근법 | 33-34 |
|     일반 요건 | 13-15 |
| 감정평가 | 7, 9, 10 |
| 객관성 | 11, 13-14, 134-135 |
| 감정평가 검토 보고서 | 19 |
| 감정평가 기록 | 17 |
| 감정평가 기준 | 2 |
| 감정평가 기준시점 | 2, 14, 23-24 |
| 감정평가기준의 목적(목표) | 2 |
| 감정평가기준 설정의 핵심 원칙 | 2 |
| 감정평가기준의 제정과 개정 | 2 |
| 감정평가 대상 확정 | 3 |
| 감정평가 목적 | 7, 14, 18 |
|     개발 부동산 | 116-117 |
|     금융상품 | 127 |
|     기업 및 기업 지분 | 56 |
|     무형자산 | 69-70 |
|     부동산 권리 | 111 |
|     비금융부채 | 86-87 |
|     시설과 설비 | 104, 105 |
|     재고자산 | 94-95, 100 |
| 감정평가방법 | 8 |
| 감정평가 방법론 | 3 |
| 감정평가 보고(IVS 103) | 18-19 |
|     금융상품 | 128-129 |
|     시설과 설비 | 105 |
| 감정평가 모델 | 53 |
| 감정평가의 일반요건 | 13-15 |
| 감정평가의 전달 | 3 |
| 감정평가 접근법 | 8 |

| | |
|---|---|
| 감정평가 접근법과 감정평가방법 | 33-53 |
|     개발 부동산 | 118-124 |
|     금융상품 | 129-131 |
|     기업 및 기업 지분 | 57-60 |
|     무형자산 | 71-80 |
|     부동산 권리 | 111-114 |
|     비금융부채 | 87-90 |
|     시설과 설비 | 106-107 |
|     재고자산 | 95-99 |
| 감정평가 접근법과 감정평가방법(IVS 105) | 33-53 |
|     감정평가 모델 | 53 |
|     비용접근법 | 48-53 |
|         감가수정/노후화 | 51-53 |
|         비용 고려사항 | 50-51 |
|         비용접근법에 의한 감정평가방법 | 49-50 |
|     수익접근법 | 40-48 |
|         수익접근법에 의한 감정평가방법 | 41-48 |
|     시장접근법 | 34-40 |
|         기타 고려사항 | 39-40 |
|         시장접근법에 의한 감정평가방법 | 36-40 |
| 감정평가의 핵심 원칙 | 2-3 |
| 감정평가 자료 | 3 |
| 감정평가 산출근거자료 | 131-132 |
| 감정평가 통제 및 객관성 | 134-135 |
| 강제 매각 | 29-30 |
| 개발 부동산(IVS 410) | 116-126 |
|     감정평가 접근법과 감정평가방법 | 118-124 |
|     개발 부동산에 대한 특별 고려사항 | 120-126 |
|         기존 자산 | 125 |
|         담보 대출에 대한 특별 고려사항 | 126 |
|         잔여법 | 120-124 |
|         재무보고에 대한 특별 고려사항 | 126 |
|     일반적 가정과 특별한 가정 | 117-118, 121 |
| 개발 이익 | 123-124 |
| 객관성 | 11, 13-14, 134-135 |
| 거래 | 21, 23-24, 26, 35-38 |
|     비금융부채 | 87-88 |
| 거래 비용 | 32 |
| 거래사례비교법 | 36-38, 88 |
| 거래 상대방 위험 | 132-133 |
| 건축 비용 | 122 |
| 검토 감정평가사 | 8, 10 |
| 결합 가치 | 26 |
| 경제와 산업에 대한 고려사항 | 61-62 |
| 계약임대료 | 25, 115 |
| 계정 단위 | 100-101 |
| 고객 이탈 | 82-83 |
| 고든 성장 모형 | 45 |
| 공정가치(IFRS) | 6, 26-27 |
| 공정가치(법령상) | 27 |

| | |
|---|---|
| 공정 시장가치 | 6 |
|     공정 시장가치(OECD) | 27 |
|     공정 시장가치(미국 국세청) | 27 |
| 관할권 | 2, 6 |
| 국제감정평가기준위원회(IVSC) | 1 |
| 국제감정평가기준위원회 기준이사회 | 1, 2 |
| 권리의 우선 순위 | 114 |
| 균형가치 | 5, 25-26 |
| 금융비용 | 123 |
| 금융상품(IVS 500) | 127-135 |
|     감정평가 접근법과 감정평가방법 | 129-131 |
|     금융상품에 대한 특별 고려사항 | 131-135 |
|         감정평가 자료 | 131-132 |
|         감정평가 통제 및 객관성 | 134-135 |
|         신용 위험 조정 | 132-134 |
|         유동성과 시장활동 | 134 |
|         통제 환경 | 134-135 |
| 기간 말 가치 | 45 |
| 기록 보관 | 3 |
| 기업 가치 | 56, 58 |
| 기업간 합의 | 48 |
| 기업 및 기업 지분(IVS 200) | 55-66 |
|     감정평가 접근법과 감정평가방법 | 57-60 |
|     특별한 가정 | 60-66 |
|         경제와 산업 | 61-62 |
|         기업 정보 | 61 |
|         소유권 | 60-61 |
|         영업용 자산과 비영업용 자산 | 62 |
|         자본 구조 | 62-66 |
| 기업 정보 | 61 |
| 기업 특정 요인 | 30 |
| 기여자산 | 73-74 |
| 기여자산원가 (CAC) | 74 |
| 기존 용도 | 28 |
| 기존 자산 | 125 |
| 기준가치 | 2, 5, 14 |
|     개발 부동산 | 117-118 |
|     금융상품 | 129 |
|     기업 및 기업 지분 | 56-57 |
|     무형자산 | 70-71 |
|     부동산 권리 | 111 |
|     비금융부채 | 87 |
|     시설과 설비 | 105-106 |
|     재고자산 | 95 |
| 기준가치(유형 또는 표준) | 2 |
| 기준가치(IVS 104) | 20-32 |
|     가치의 배분 | 32 |
|     가치의 전제 | 27-30 |
|         강제 매각 | 29-30 |
|         정상적인 절차에 의한 청산 | 28-29 |

|  |  |
|---|---|
| 최유효이용 | 28 |
| 현재의 이용/기존 용도 | 28 |
| 거래 비용 | 32 |
| 공정 시장가치 | 27 |
| 공정 가치 | 26, 27 |
| 기업 특정 요인 | 30 |
| 시너지 | 30 |
| 일반적 가정과 특별한 가정 | 21, 29, 31 |
| IVS의 정의 | 21-26 |
| 균형 가치 | 25-26 |
| 시너지 가치 | 8, 26 |
| 시장가치 | 22-24 |
| 시장 임대료 | 25 |
| 청산\가치 | 26 |
| 투자가치/효용 | 26 |
| 기준거래법 | 36-38, 88 |
| 기준시점(감정평가 유효일/감정평가일) | 2 |
| 기준 준수 | 2, 7, 10, 18, 20 |
| 금융 상품 | 128-129 |
| 무형자산 | 70-71, 79 |
| 부동산 권리 | 110-111, 114, 118 |
| 비금융부채 | 87, 88, 89, 90 |
| 시설과 설비 | 104-105 |
| 실지조사와 기준 준수 (IVS 102) | 16, 110-111, 128-129 |
| 기타 취득 자산과의 관계 |  |
| 재고자산 | 100 |

## 나
|  |  |
|---|---|
| 노후화 | 51-53 |
| 무형자산 | 80 |
| 부동산 권리 | 114 |
| 시설과 설비 | 104, 106 |
| 능력함양 | 2, 11 |

## 다
|  |  |
|---|---|
| 다양한 감정평가 접근법 | 33-34 |
| 담보 | 134 |
| 담보 대출 | 126 |
| 대량거래 할인 | 40 |
| 대상 또는 대상 자산 | 8 |
| 대체 원가 |  |
| 부동산 권리 | 113 |
| 시설과 설비 | 106-107 |
| 대체원가법 | 49-50 |
| 무형자산 | 79-80 |
| 재고자산 | 98-99 |

## 라
|  |  |
|---|---|
| 레버리지 효과 | 133 |

| | |
|---|---|
| 로열티면제법 | 75-76 |
| 로열티율 | 75-76 |
| 리스 부채 | 25-26, 115 |
|     시설과 설비 | 102, 108 |

## 마

| | |
|---|---|
| 마케팅 비용 | 122 |
| 매트릭스 가격 결정 | 36 |
| 명시적 예측 기간 | 43 |
| 목적 | 7 |
| 무형자산(IVS 210) | 68-84 |
|     감정평가 접근법과 감정평가방법 | 71-80 |
|     기업 및 기업 지분 | 55 |
|     무형자산에 대한 특별 고려사항 | 80-84 |
|         감가상각 절세 효과(TAB) | 83-84 |
|         경제적 내용연수 | 81-83 |
|         할인율/수익률 | 80-81, 83-84 |
|     부동산 권리 | 110 |
|     시설과 설비 | 102-103 |
| 무형자산에 대한 부가가치의 창출과정과 수익의 확인 | 99-100 |
| 미래 효익 관련 비용 | 97 |
| 민감도 분석 | 117 |

## 바

| | |
|---|---|
| 방매사례비교법 | 36 |
| 배분법 | 78-79 |
| 보유비용 | 97 |
| 부동산 권리(IVS 400) | 109-115 |
|     감정평가 접근법과 감정평가방법 | 111-114 |
|     부동산 권리에 대한 특별 고려사항 | 111 |
|     특별 고려사항 | 114-115 |
|         권리의 우선 순위 | 114 |
|         임대료 | 115 |
| 부채는 자산과 부채 참고 | |
| 분해법 | 78-79 |
| 비교 단위 | 36, 111-112 |
| 비금융부채(IVS 220) | 85-93 |
|     감정평가 접근법과 감정평가방법 | 87-90 |
|     비금융부채에 대한 특별 고려사항 | 90-93 |
|         세금 | 93 |
|         양도 제한 | 93 |
|         할인율 | 91 |
|         현금흐름과 위험 마진 추정 | 91-93 |
|     조정 | 91-92 |
| 비용(명사) | 5 |
| 비용접근법 | 48-53 |
|     개발 부동산 | 119-120 |
|     금융상품 | 131 |
|     기업 및 기업 지분 | 59-60 |
|     무형자산 | 79-80 |

|  |  |
|---|---|
| 부동산 권리 | 113-114 |
| 비금융부채 | 90 |
| 시설과 설비 | 106-107 |
| 재고자산 | 98-99 |
| 조정 | 49-53 |
| 비용접근법에 의한 감정평가방법 | 49-50 |
| 대체원가법 | 49-50, 79-80 |
| 용량 대비 비용법 | 107 |
| 재생산원가법 | 49, 50 |
| 합산법 | 50 |
| 현재 대체비용법 | 98-99 |

## 사

|  |  |
|---|---|
| 사용자 | 3, 6, 14, 15, 18 |
| 상계 약정 | 133 |
| 상당한 및/또는 중요한 | 8 |
| 상장 기업의 사례 | 38-39 |
| 상향식 방법 | 89-90, 98 |
| 선행 거래법 | 36 |
| 설립접근법 | 77-78 |
| 세금 | 93 |
| 소모성 자산 | 46 |
| 소유권 | 60-61 |
| 소유권의 유형 | 62-63 |
| 수익률 |  |
| 무형자산 | 80-81 |
| 수익접근법 | 40-41 |
| 개발 부동산 | 119 |
| 금융상품 | 130-131 |
| 기업 및 기업 지분 | 58-59 |
| 무형자산 | 72 |
| 부동산 권리 | 112-113 |
| 비금융부채 | 89 |
| 시설과 설비 | 106 |
| 재고자산 | 96 |
| 조정 | 48, 59, 73 |
| 수익접근법 | 41-48 |
| 배분법 | 78-79 |
| 로열티면제법 | 75-76 |
| 상향식 방법 | 89-90, 98 |
| 설립접근법 | 77-78 |
| 초과이익법 | 72-75 |
| 하향식 방법 | 96-98 |
| 할인현금흐름(DCF) | 41-48, 130-131 |
| WWM(with-and-without method) | 76-77 |
| 수익환원법은 할인현금흐름 참고 |  |
| 시나리오 기반 방법(SBM) | 91 |
| 시너지 | 30 |
| 시너지 가치 | 8, 26 |

| | |
|---|---:|
| 시설과 설비(IVS 300) | 102-108 |
|     감정평가 접근법과 감정평가방법 | 106-107 |
|     시설과 설비에 대한 특별 고려사항 | 108 |
|         자금 조달 | 108 |
|     일반적 가정과 특별한 가정 | 104, 105 |
| 시장가치 | 7, 22-24 |
|     개발 부동산 | 121, 126 |
| 시장성 결여 할인(DLOM) | 39-40 |
| 시장임대료 | 25, 115 |
| 시장접근법 | 34-40, 45-46 |
|     개발 부동산 | 118-119 |
|     금융상품 | 130 |
|     기업 및 기업 지분 | 57-58 |
|     무형자산 | 71-72 |
|     부동산 권리 | 111-112 |
|     비금융부채 | 87-88 |
|     시설과 설비 | 106 |
|     재고자산 | 95-96 |
|     조정 | 35, 37-38, 39-40, 71, 96, 130 |
| 시장접근법에 의한 감정평가방법 | 36-40 |
|     거래사례비교법 | 36-38, 88 |
|     유사 상장기업 비교법 | 38-39 |
|     하향식 방법 | 88-89 |
| 시장 참여자 취득 활증(MPAPs) | 40 |
| 시장 활동 | 134 |
| 신용 위험 조정 | 132-134 |
| 실지조사와 기준 준수(IVS 102) | 16-17, 110-111, 128-129 |

## 아

| | |
|---|---:|
| 양도 제한 | 93 |
| 업무 범위 | 3 |
| 업무 범위(IVS 101) | 13-15 |
|     개발 부동산 | 117 |
|     금융상품 | 128 |
|     기업 및 기업 지분 | 56 |
|     부동산 권리 | 110-111 |
|     시설과 설비 | 104-105 |
| 업무 범위의 변경 | 15 |
| 영업가치 | 56 |
| 영업권 | 56, 68-70, 74 |
| 영업용 자산과 비영업용 자산 | 62 |
| 예상 재무 정보(PFI) | 44 |
| 예외적 허용 | 11-12, 15, 17 |
| 옵션가격결정법(OPM) | 63, 64-65 |
| 용도 | 3, 6, 18 |
| 용어 정의 | 5-9 |
| 용량 대비 비용법 | 107 |
| 완공된 부동산 가치 | 121 |
| 위험 마진 | 91-93 |

| | |
|---|---|
| 위험 평가 | 74, 80-81 |
|     개발 부동산 | 123-124, 126 |
|     보유비용 | 97 |
|     신용 위험 조정 | 132-134 |
|     할인현금흐름분석법 | 44, 46, 47-48 |
| 유동성 | 134 |
| 유사 상장기업 비교법 | 38-39 |
| 윤리 | 2 |
| 의뢰인 | 5, 14 |
| 이용에 대한 가정 | 27-28 |
| 일반 기준 | 3, 13-53 |
|     감정평가 보고 (IVS 103) | 18-19 |
|     감정평가 접근법과 감정평가방법 (IVS 105) | 33-53 |
|     기준가치(IVS 104) | 20-32 |
|     실지조사와 기준 준수(IVS 102) | 16-17 |
|     업무 범위(IVS 101) | 13-15 |
| 임대료 | 25, 115 |
| 일정 | 123 |

## 자

| | |
|---|---|
| 자금 조달 | 108 |
| 자본가치 | 56, 58, 63-66 |
| 자본 구조와 고려사항 | 62-66 |
| 자산 | 5 |
| 자산 기준 | 3-4 |
|     개발 부동산(IVS 410) | 116-126 |
|     금융상품(IVS 500) | 127-135 |
|     기업 및 기업 지분 (IVS 200) | 55-66 |
|     무형자산(IVS 210) | 68-84 |
|     부동산 권리(IVS 400) | 109-115 |
|     비금융부채(IVS 220) | 85-93 |
|     시설과 설비(IVS 300) | 102-108 |
|     재고자산(IVS 230) | 94-101 |
| 자산-부채 대차균형 | 86 |
| 자산과 부채 | 5, 10, 30 |
|     감정평가 보고서 | 18-19 |
|     기여자산 | 73 |
|     기존 자산 | 125 |
|     대상 자산 | 8 |
|     리스 부채 | 25-26, 102, 108, 114-115 |
|     무형자산(IVS 210 무형자산 참고) | |
|     비금융부채(IVS 220 비금융부채 참고) | |
|     소모성 자산 | 46 |
|     영업용 자산과 비영업용 자산 | 62 |
|     제조 | 94 |
| 잔여법 | 96-98, 120-124 |
| 잔존 가치 | 46 |
| 재생산원가법 | 49, 50 |

| | |
|---|---|
| 재고자산(IVS 230) | 94-101 |
|     감정평가 접근법과 감정평가방법 | 95-99 |
|     재고자산에 대한 특별 고려사항 | 99-101 |
|         계정 단위 | 100-101 |
|         기타 취득 자산과의 관계 | 100 |
|         무형자산에 대한 부가가치의 창출과정과 수익 식별 | 99-100 |
|         재고자산 감모 손실 적립금 | 100 |
| 재고자산 감모손실 적립금 | 100 |
| 재무 보고 | 26, 126, 133-134 |
| 재매도 가치 | 45-46 |
| 정상적인 절차에 의한 청산 | 28-29 |
| 정의 | 5-9, 20-32 |
| 조정 | |
|     감가수정/노후화 | 51-53, 114 |
|     비용접근법 | 49-53 |
|     수익접근법 | 48, 59, 73 |
|     시장접근법 | 35, 37-38, 39, 71, 88, 96, 130 |
|     신용 위험 | 132-134 |
| 주어진 자료 | 16-17 |
| 중개인 제시 가격 | 131-132 |
| 중요한/중요성 | 8 |
| 지속 성장 모형 | 45 |

## 차

| | |
|---|---|
| 참가자 | 7, 86 |
| 채무 불이행 보호 | 133 |
| 처분 비용 | 46, 97 |
| 청산가치 | 6, 26 |
| 초과이익법 | 72-75 |
| 총설 | 3, 10-12 |
| 총 투하자본 가치 | 56 |
| 최유효이용 | 24, 28 |

## 카

| | |
|---|---|
| 컨설팅 수수료 | 122 |

## 타

| | |
|---|---|
| 토지는 IVS 410 개발 부동산과 IVS 400 부동산 권리 참고 | |
| 통제 결여 할인(DLOC) | 40 |
| 통제 할증 | 40, 61 |
| 통제 환경 | 134-135 |
| 통화 | 14, 42, 43 |
| 투자가치 | 6, 25 |
| 투자 부동산 | 112, 123 |
| 특별 고려사항 | |
|     개발 부동산 | 120-126 |
|     금융상품 | 131-135 |
|     기업 및 기업 지분 | 60-66 |
|     담보 대출 | 126 |

| | |
|---|---|
| 무형자산 | 80-84 |
| 부동산 권리 | 114-115 |
| 비금융부채 | 90-93 |
| 시설과 설비 | 108 |
| 재고자산 | 99-101 |
| 재무 보고 | 126 |
| 특별한 가정 | 14, 15 |
|     개발 부동산 | 117-118, 121 |
|     기준가치(IVS 104) | 29, 31 |
|     부동산 권리 | 111 |
|     시설과 설비 | 104 |

## 하

| | |
|---|---|
| 하향식 방법 | 88-89, 96-98 |
| 한다 | 7 |
| 할 수 있다 | 7 |
| 할인율 | 5, 42-43, 44, 46-48 |
|     개발 부동산 | 124 |
|     금융상품 | 130-131 |
|     기업 및 기업 지분 | 58 |
|     무형자산 | 80-81, 83-84 |
|     부동산 소유권 | 113 |
|     비금융부채 | 91 |
| 할인율 도출 | 113, 130-131 |
| 할인현금흐름(DCF) | 41-48, 130-131 |
| 합산법 | 50 |
| 합의 가격 제공 서비스 | 132 |
| 해야 한다 | 7 |
| 현금흐름 | 41-48, 91-93, 130-131 |
|     현금흐름의 유형 | 42-43 |
| 현금흐름 예측 | 44, 47-8 |
| 현재가치법(CVM) | 63-64, 64 |
| 현재 대체비용법(CRCM) | 98-99 |
| 현재의 이용 | 28 |
| 확률가중기대수익률법(PWERM) | 64, 66 |
| 환원율 | 58 |
| 효용 | 26 |
| 후순위 | 133 |
| WWM(with-and-without method) | 76-77 |

## 영문 색인

*원문을 볼 때 참고할 수 있도록, 영문 색인을 함께 제공합니다.

### A

adjustments
    cost approach      49-53
    credit risk      132-134
    for depreciation/obsolescence      51-53, 114
    income approach      48, 59, 73
    market approach      35, 37-38, 39, 71, 88, 96, 130
allocation of value      32
asset or assets      5
asset standards see IVS Asset Standards
asset-liability symmetry      86
assets and liabilities      5, 10, 30
    contributory assets      73
    existing asset      125
    intangible see Intangible Assets (IVS 210)
    lease liabilities      25-26, 102, 108, 114-115
    manufacturing      94
    non-financial see Non-Financial Liabilities (IVS 220)
    operating and non-operating      62
    subject asset      8
    valuation reports      18-19
    wasting assets      46
assumed use      27-28
assumptions      3, 14, 15, 31
    bases of value      21, 29, 31
    development property      117-118, 121
    non-financial liabilities      91-92
    plant and equipment      105
    see also special assumptions
assumptions and conditions      3
attrition      82-83

### B

bases of value      2, 5, 14
    business and business interests      56-57
    development property      117-118
    financial instruments      129
    intangible assets      70-71
    inventory      95
    non-financial liabilities      87
    plant and equipment      105-106
    real property interests      111
Bases of Value (IVS 104)      20-32
    allocation of value      32
    assumptions and special assumptions      21, 29, 31
    entity-specific factors      30
    fair market value      27
    fair value      26, 27
    IVS defined      21-26

|  |  |
|---|---|
| equitable value | 25-26 |
| investment value/worth | 26 |
| liquidation value | 26 |
| market rent | 25 |
| market value | 22-24 |
| synergistic value | 26 |
| premise of value | 27-30 |
|     current use/existing use | 28 |
|     forced sale | 29-30 |
|     highest and best use | 28 |
|     orderly liquidation | 28-29 |
| synergies | 30 |
| transaction cost | 32 |
| basis (ie type or standard) of value | 2 |
| basis (bases) of value | 25 |
| see also bases of value |  |
| blockage discounts | 40 |
| bottom-up method | 89-90, 98 |
| broker quotations | 131-132 |
| Business and Business Interests (IVS 200) | 55-66 |
|   special considerations | 60-66 |
|     business information | 61 |
|     capital structure | 62-66 |
|     economic and industry | 61-62 |
|     operating and non-operating assets | 62 |
|     ownership rights | 60-61 |
|   valuation approaches and methods | 57-60 |
| business information | 61 |

## C

|  |  |
|---|---|
| capital structure considerations | 62-66 |
| capitalisation rate | 58 |
| cash flow | 41-48, 91-93, 130-131 |
|   types of | 42-43 |
| changes to the scope of work | 15 |
| client | 5, 14 |
| collateral | 134 |
| communication of valuation | 3 |
| comparable listings method | 36 |
| comparable transactions method | 36-38, 88 |
| competence (competency) | 2, 11 |
| completed property value | 121 |
| compliance with standards | 2, 7, 10, 18, 20 |
|   financial instruments | 128-129 |
|   intangible assets | 70-71, 79 |
|   Investigations and Compliance (IVS 102) | 16, 110-111, 128-129 |
|   non-financial liabilities | 87, 88, 89, 90 |
|   plant and equipment | 104-105 |
|   real property interests | 110-111, 114, 118 |
| consensus pricing services | 132 |
| constant growth model | 45 |
| construction costs | 122 |
| consultants' fees | 122 |
| contract rent | 25, 115 |

| | |
|---|---|
| contributory asset charge (CAC) | 74 |
| contributory assets | 73 |
| control environment | 134-135 |
| control premiums | 40, 61 |
| core principles of valuation | 2-3 |
| core principles of valuation standard setting | 2 |
| cost approach | 48-53 |
|     adjustments | 49-53 |
|     business and business interests | 59-60 |
|     development property | 119-120 |
|     financial instruments | 131 |
|     intangible assets | 79-80 |
|     inventory | 98-99 |
|     non-financial liabilities | 90 |
|     plant and equipment | 106-107 |
|     real property interests | 113-114 |
| cost approach methods | 49-50 |
|     cost-to-capacity method | 107 |
|     current replacement cost method | 98-99 |
|     replacement cost method | 49-50, 79-80 |
|     reproduction cost method | 49, 50 |
|     summation method | 50 |
| cost (noun) | 5 |
| cost-to-capacity method | 107 |
| counterparty risk | 132-133 |
| credit risk adjustments | 132-134 |
| currency | 14, 42-43 |
| current use | 28 |
| current replacement cost method (CRCM) | 98-99 |
| current value method (CVM) | 63-64 |

## D

| | |
|---|---|
| data | 3 |
| date of value (ie effective date/date of valuation) | 2 |
| date of value see valuation date | |
| default protection | 133 |
| definitions see IVS definitions | |
| departures | 11-12, 15, 17 |
| depreciation | 51-53 |
| development and revision of standards | 2 |
| development profit | 123-124 |
| Development Property (IVS 410) | 116-126 |
|     assumptions and special assumptions | 117-118, 121 |
|     special considerations | 120-126 |
|         existing asset | 125 |
|         for financial reporting | 126 |
|         for secured lending | 126 |
|         residual method | 120-124 |
|     valuation approaches and methods | 118-124 |
| disaggregated method | 78-79 |
| discount rate(s) | 5, 42-43, 44, 46-48 |
|     business and business interests | 58 |
|     derivation of | 113, 118-119 |
|     development property | 124 |

| | |
|---|---|
|     financial instruments | 130-131 |
|     intangible assets | 80-81, 83-84 |
|     non-financial liabilities | 91 |
|     real property interests | 113 |
| discounted cash flow (DCF) | 41-48, 130-131 |
| discounts for lack of control (DLOC) | 40 |
| discounts for lack of marketability (DLOM) | 39-40 |
| disposal cost | 46, 97 |
| distributor method | 78-79 |

## E

| | |
|---|---|
| economic and industry considerations | 61-62 |
| economic life of an intangible asset | 81-83 |
| ethics | 2 |
| enterprise value | 56, 58 |
| entity-specific factors | 30 |
| equitable value | 5, 25-26 |
| equity value | 56, 58, 63-66 |
| excess earnings method | 72-75 |
| existing asset | 125 |
| existing use | 28 |
| exit value | 45-46 |
| explicit forecast period | 43 |

## F

| | |
|---|---|
| fair market value | 6 |
|     fair market value (OECD) | 27 |
|     fair market value (USIRS) | 27 |
| fair value (IFRS) | 6, 26-27 |
| fair value (legal/statutory) | 27 |
| finance costs | 123 |
| Financial Instruments (IVS 500) | 127-135 |
|     special considerations | 131-135 |
|         control environment | 134-135 |
|         credit risk adjustments | 132-134 |
|         liquidity and market activity | 134 |
|         valuation control and objectivity | 134-135 |
|         valuation inputs | 131-132 |
|     valuation approaches and methods | 129-131 |
| financial reporting | 26, 126, 133-134 |
| financing arrangements | 108 |
| forced sale | 29-30 |
| forecast cash flow | 44, 47-8 |
| framework see IVS Framework | |
| future benefit expenses | 97 |

## G

| | |
|---|---|
| general requirements for valuations | 13-15 |
| general standards see IVS General Standards | |
| glossary | 5-9 |
| goodwill | 56, 68-70, 74 |
| Gordon growth model | 45 |
| greenfield method | 77-78 |

| | |
|---|---:|
| guideline publicly-traded comparable method | 38–39 |
| guideline transactions method | 36–38, 88 |

## H

| | |
|---|---:|
| hierarchy of interests | 114 |
| highest and best use | 24, 28 |
| holding period costs | 97 |

## I

| | |
|---|---:|
| identification of subject of valuation | 3 |
| identification of value-added processes and returns on intangible assets | 99–100 |
| income approach | 40–41 |
|     adjustments | 48, 59, 73 |
|     business and business interests | 58–59 |
|     development property | 119 |
|     financial instruments | 130–131 |
|     intangible assets | 72 |
|     inventory | 96 |
|     non-financial liabilities | 89 |
|     plant and equipment | 106 |
|     real property interests | 112–113 |
| income approach methods | 41–48 |
|     bottom-up method | 89–90, 98 |
|     discounted cash flow (DCF) | 41–48, 130–131 |
|     distributor method | 78–79 |
|     excess earnings method | 72–75 |
|     greenfield method | 77–78 |
|     relief-from-royalty method | 75–76 |
|     top-down method | 96–98 |
|     with-and-without method | 76–77 |
| income capitalisation method see discounted cash flow | |
| information provided | 16–17 |
| Intangible Assets (IVS 210) | 68–84 |
|     business and business interests | 55 |
|     plant and equipment | 102–103 |
|     real property interests | 110 |
|     special considerations | 80–84 |
|         discount rate/rates of return | 80–81, 83–84 |
|         economic life | 81–83 |
|         tax amortisation benefit (TAB) | 83–84 |
|     valuation approaches and methods | 71–80 |
| intended use | 3, 6, 18 |
| intended user(s) | 3, 6, 14, 15, 18 |
| intercompany arrangements | 48 |
| International Valuation Standards Board | 1, 2 |
| International Valuation Standards Council (IVSC) | 1 |
| Inventory (IVS230) | 94–101 |
|     special considerations | 99–101 |
|         identification of value-added processes and returns on intangible assets | 99–100 |
|         obsolete inventory reserves | 100 |
|         relationships to other acquired assets | 100 |
|         unit of account | 100–101 |
|     valuation approaches and methods | 95–99 |

| | |
|---|---|
| Investigations and Compliance (IVS 102) | 16-17, 110-111, 128-129 |
| investment property | 112, 123 |
| investment value | 6, 25 |
| IVS Asset Standards | 3-4 |
|     Business and Business Interests (IVS 200) | 55-66 |
|     Development Property (IVS 410) | 116-126 |
|     Financial Instruments (IVS 500) | 127-135 |
|     Intangible Assets (IVS 210) | 68-84 |
|     Inventory (IVS 230) | 94-101 |
|     Non-Financial Liabilities (IVS 220) | 85-93 |
|     Plant and Equipment (IVS 300) | 102-108 |
|     Real Property Interests (IVS 400) | 109-115 |
| IVS definitions | 5-9, 20-32 |
| IVS Framework | 3, 10-12 |
| IVS General Standards | 3 |
|     Bases of Value (IVS 104) | 20-32 |
|     Investigations and Compliance (IVS 102) | 16-17 |
|     Reporting (IVS 103) | 18-19 |
|     Scope of Work (IVS 101) | 13-15 |
|     Valuation Approaches and Methods (IVS 105) | 33-53 |

## J

| | |
|---|---|
| jurisdiction | 2, 6 |

## L

| | |
|---|---|
| land see Development Property (IVS 410); Real Property Interests (IVS 400) | |
| lease liabilities | 25-26, 115 |
|     plant and equipment | 102, 108 |
| leverage | 133 |
| liabilities see assets and liabilities | |
| liquidation value | 6, 26 |
| liquidity | 134 |

## M

| | |
|---|---|
| market activity | 134 |
| market approach | 34-40, 45-46 |
|     adjustments | 35, 37-38, 39-40, 71, 96, 130 |
|     business and business interests | 57-58 |
|     development property | 118-119 |
|     financial instruments | 130 |
|     intangible assets | 71-72 |
|     inventory | 95-96 |
|     non-financial liabilities | 87-89 |
|     plant and equipment | 106 |
|     real property interests | 111-112 |
| market approach methods | 36-40 |
|     comparable transactions method | 36-38, 88 |
|     guideline publicly-traded comparable method | 38-39 |
|     top-down method | 88-89, 96-98 |
| Market Participant Acquisition Premiums (MPAPs) | 40 |
| market rent | 25, 115 |
| market value | 7, 22-24 |
|     development property | 121, 126 |

| | |
|---|---:|
| marketing costs | 122 |
| marriage value | 26 |
| material/materiality | 8 |
| matrix pricing | 36 |
| may | 7 |
| multiple approaches | 33-34 |
| must | 7 |

## N

| | |
|---|---:|
| netting agreements | 133 |
| Non-Financial Liabilities (IVS 220) | 85-93 |
|     assumptions | 91-92 |
|     special considerations | 90-93 |
|         discount rates | 91 |
|         estimating cash flows and risk margins | 91-93 |
|         restrictions on transfer | 93 |
|         taxes | 93 |
|     valuation approaches and methods | 87-90 |

## O

| | |
|---|---:|
| objectivity | 11, 13-14, 134-135 |
|     IVS Framework | 10-12 |
| obsolescence | 51-53 |
|     intangible assets | 80 |
|     plant and equipment | 104, 106 |
|     real property interests | 114 |
| obsolete inventory reserves | 100 |
| operating and non-operating assets | 62 |
| operating value | 56 |
| option pricing method (OPM) | 63, 64-65 |
| orderly liquidation | 28-29 |
| ownership interests | 62-63 |
| ownership rights | 60-61 |

## P

| | |
|---|---:|
| participant | 7, 86 |
| Plant and Equipment (IVS 300) | 102-108 |
|     assumptions and special assumptions | 104, 105 |
|     special considerations | 108 |
|         financing arrangements | 108 |
|     valuation approaches and methods | 106-107 |
| premise of value | 27-30 |
| price (noun) | 7 |
| prior transactions method | 36 |
| probability-weighted expected return method (PWERM) | 64, 66 |
| property interests see Development Property (IVS 410); Real Property Interests (IVS 400) | |
| prospective financial information (PFI) | 44 |
| publicly-traded comparables | 38-39 |
| purpose | 7 |
| purpose (objective) of valuation standards | 2 |
| purpose of valuation | 7, 14, 18 |
|     business and business interests | 56 |

| | |
|---|---:|
| development property | 116-117 |
| financial instruments | 127 |
| intangible assets | 69-70 |
| inventory | 94-95, 100 |
| non-financial liabilities | 86-87 |
| plant and equipment | 104, 105 |
| real property interests | 111 |

## R

| | |
|---|---:|
| rates of return | |
|     intangible assets | 80-81 |
| Real Property Interests (IVS 400) | 109-115 |
|     special assumptions | 111 |
|     special considerations | 114-115 |
|         hierarchy of interests | 114 |
|         rent | 115 |
|     valuation approaches and methods | 111-114 |
| record keeping | 3 |
| relationships to other acquired assets | |
|     inventory | 100 |
| relief-from-royalty method | 75-76 |
| rent | 25, 115 |
| replacement cost method | 49-50 |
|     intangible assets | 79-80 |
|     inventory | 98-99 |
| replacement costs | |
|     plant and equipment | 106-107 |
|     real property interests | 113 |
| Reporting (IVS 103) | 18-19 |
|     financial instruments | 128-129 |
|     plant and equipment | 105 |
| reproduction cost method | 49, 50 |
| residual method | 96-98, 120-124 |
| restrictions on transfer | 93 |
| risk assessment | 74, 80-81 |
|     credit risk adjustments | 132-134 |
|     development property | 123-124, 126 |
|     discounted cash flow method | 44, 46, 47-48 |
|     holding period costs | 97 |
| risk margins | 91-93 |
| royalty rate | 75-76 |

## S

| | |
|---|---:|
| salvage value | 46 |
| scenario-based method (SBM) | 91 |
| scope of work | 3 |
| Scope of Work (IVS 101) | 13-15 |
|     business and business interests | 56 |
|     development property | 117 |
|     financial instruments | 128 |
|     plant and equipment | 104-105 |
|     real property interests | 110-111 |
| secured lending | 126 |
| sensitivity analysis | 117 |

| | |
|---|---:|
| should | 7 |
| significant and/or material | 8 |
| special assumptions | 14, 15 |
|     Bases of Value (IVS 104) | 29, 31 |
|     development property | 117-118, 121 |
|     plant and equipment | 104 |
|     real property interests | 111 |
| special considerations | |
|     business and business interests | 60-66 |
|     development property | 120-126 |
|     financial instruments | 131-135 |
|     for financial reporting | 126 |
|     intangible assets | 80-84 |
|     inventory | 99-101 |
|     non-financial liabilities | 90-93 |
|     plant and equipment | 108 |
|     real property interests | 114-115 |
|     for secured lending | 126 |
| standards of value see Bases of Value (IVS 104) | |
| subject or subject asset | 8 |
| subordination | 133 |
| summation method | 50 |
| synergies | 30 |
| synergistic value | 8, 26 |

## T

| | |
|---|---:|
| tax amortisation benefit (TAB) | 83-84 |
| taxes | 93 |
| terminal value | 45-46 |
| timetable | 123 |
| top-down method | 88-89, 96-98 |
| total invested capital value | 56 |
| transaction cost | 32 |
| transactions | 21, 23-24, 26, 35-38 |
|     non-financial liabilities | 87-88 |
| transfer restrictions | 93 |

## U

| | |
|---|---:|
| unit of account | 100-101 |
| units of comparison | 36, 111-112 |

## V

| | |
|---|---:|
| valuation | 8 |
|     general requirements | 13-15 |
|     multiple approaches | 33-34 |
| valuation approach | 8 |
| valuation approaches and methods | 33-53 |
|     business and business interests | 57-60 |
|     development property | 118-120 |
|     financial instruments | 129-131 |
|     intangible assets | 71-80 |
|     inventory | 95-99 |
|     non-financial liabilities | 87-90 |

|  |  |
|---|---|
| plant and equipment | 106-107 |
| real property interests | 111-114 |
| Valuation Approaches and Methods (IVS 105) | 33-53 |
|     cost approach | 48-53 |
|         cost considerations | 50-51 |
|         depreciation/obsolescence | 51-53 |
|         methods | 49-50 |
|     income approach | 40-48 |
|         methods | 41-48 |
|     market approach | 34-40 |
|         methods | 36-40 |
|         other considerations | 39-40 |
|     valuation model | 53 |
| valuation control and objectivity | 134-135 |
| valuation date | 2, 14, 23-24 |
| valuation inputs | 131-132 |
| valuation method | 8 |
| valuation methodology | 3 |
| valuation model | 53 |
| valuation purpose see purpose of valuation | |
| valuation record | 17 |
| valuation reports | 18-19 |
| valuation review reports | 19 |
| valuation reviewer | 8, 10 |
| valuation standards | 2 |
| value (noun) | 9 |
|     see *also* bases of value; Bases of Value (IVS 104) | |
| valuer | 7, 9, 10 |
|     objectivity | 11, 13-14, 134-135 |

## W

|  |  |
|---|---|
| wasting assets | 46 |
| weight | 9 |
| weighting | 9 |
| with-and-without method | 76-77 |
| worth | 26 |
|     see *also* investment value | |

| | | |
|---|---|---|
| **총　　괄** | **김 현 철** | 한국감정평가사협회 선임부회장 |
| **역　　자** | **구 수 미** | 구수미감정평가사사무소, 감정평가사 |
| **감　　수** | **오 민 경** | 태평양감정평가법인, 감정평가사 |
| | **오 윤 숙** | 제일감정평가법인, 감정평가사 |
| **검　　수** | 한국감정평가사협회 국제위원회 | |
| **발간지원** | 한국감정평가사협회 감정평가기준센터 | |

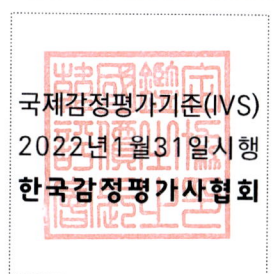

## 국제감정평가기준(IVS, 2022년 1월 31일 시행)

발행일  2022년 6월 30일
저 자  International Valuation Standards Council
역 자  구수미
감 수  오민경, 오윤숙
검 수  한국감정평가사협회 국제위원회
발행인  양길수
발행처  한국감정평가사협회
      서울특별시 서초구 방배로 52
      홈페이지: http://www.kapanet.co.kr / 전화 : 02)521-0900
편 집 · 인 쇄 · 유통처
      전 화 : 건설교통저널 02)3473-2842
      정    가  25,000원
ISBN  979-11-87250-18-0   93320

※ 이 책의 무단전재, 재배포 및 복제를 금합니다.